Johannes Heinrich Witte

Die Schicksale und die wissenschaftliche Bedeutung eines jüdischen Denkers

Johannes Heinrich Witte

Die Schicksale und die wissenschaftliche Bedeutung eines jüdischen Denkers

ISBN/EAN: 9783743318632

Hergestellt in Europa, USA, Kanada, Australien, Japan

Cover: Foto ©ninafisch / pixelio.de

Manufactured and distributed by brebook publishing software (www.brebook.com)

Johannes Heinrich Witte

Die Schicksale und die wissenschaftliche Bedeutung eines

jüdischen Denkers

Salomon Maimon.

Die merkwürdigen Schicksale

und

die wissenschaftliche Bedeutung eines jüdischen Denkers

aus der Kantischen Schule

von

Dr. J. H. Witte
Docenten der Philosophie an der Universität Bonn.

Berlin.
Verlag von H. R. Mecklenburg.
1876.

Vorwort.

Die hier dargebotene Schrift ist weitere Ausführung und Umgestaltung eines Vortrages, den ich vor einigen Monaten in einer wissenschaftlichen Gesellschaft gehalten habe. Derselbe wurde in diesem Kreise, nämlich im „historischen Vereine zu Bonn," der aus Universitäts-Lehrern der historischen und der sogenannten Geisteswissenschaften sowie aus anderen in diesen Gebieten bewanderten Männern besteht, mit Interesse und von einigen Mitgliedern mit laut ausgesprochenem Beifalle aufgenommen. Ich gebe mich daher der Erwartung hin, daß der Inhalt dieser Veröffentlichung auch in weiteren Kreisen Theilnahme finden werde.

Salomon Maimon, von dem hier nicht zum ersten Male ausführlich gehandelt wird, ist zwar von Joh. Ed. Erdmann (in dem „Grundriß der Geschichte der Philosophie" Bd. 2. und in dem § 21 „der Entwicklung der deutschen Spekulation seit Kant,") und sogar von diesem seitens zeitgenössischer Gelehrten zu allererst, sodann von Kuno Fischer (in dem 5. Bd. der „Geschichte der neueren Philosophie") und von Ed. Zeller (in der „Geschichte der deutschen Philosophie") mit Nachdruck als eine bedeutende Persönlichkeit bezeichnet worden. — Leben und Lehre des Mannes sind in einem der Absicht jener Darstellungen entsprechenden Umfange berührt, die Lehre sogar auch meist in einer dem Werthe der Sache angemessenen Breite entwickelt worden. Letzteres gilt aber nicht von dem Leben. Dies ist bis in die Einzelheiten höchst beachtenswerth und konnte deshalb in jenen Gesammtdarstellungen der Philosophie, die vornehmlich dem Lehrinhalte dienen, nicht in genügender Vollständigkeit vorgeführt werden. Vielleicht erschien es auch nicht so nöthig, weil Maimons Selbstbiographie vorliegt.

Dieselbe ist jedoch bereits ziemlich selten, jedenfalls seltener, als sie es zu sein verdient. Ueberdies wird in ihr die Schilderung des an sich fesselnden Lebensganges von weitläufigen Betrachtungen über religiöse, ethische und erkenntnißtheoretische Gegenstände derartig unterbrochen, daß für den Leser der Faden der Darstellung der inneren und äußeren Entwicklung verloren geht. Diesem Mangel hoffe ich theils durch Aenderung der Anordnung theils durch Beschränkung des Stoffes der Selbstbiographie abgeholfen zu haben.

Maimon führt nirgend Daten und Jahreszahlen an; ich habe dieselben, wo es von Wichtigkeit erschien, den Andeutungen desselben gemäß durch Vergleichung der erwähnten literarischen und geschichtlichen Ereignisse zu bestimmen gesucht. Nur in Bezug auf das Geburtsjahr habe ich bei Fortlage in der „Genetischen Geschichte der Philosophie seit Kant" eine Abweichung der Berechnung um ein Jahr gefunden. Er giebt aber keine Gründe an, während die meinigen ersichtlich sein werden und mein Ergebniß mit Erdmann und Fischer übereinstimmt.

Ueber den Grafen Kalkreuth, bei dem Maimon, wie ich in einer über die Selbstbiographie hinausgehenden Bemerkung hinzufüge, endlich eine Zufluchtsstätte fand, weiß ich des Näheren nur dies, daß er ein eifriger Anhänger Fichte's war. Er gehört zu der Schule desselben im engsten Sinne, wie dies zwei mir bekannte, von ihm verfaßte Schriften: „Die Legitimität" und „Was ist Wahrheit?" bezeugen.

Während von den oben angeführten Gelehrten ausführlich genug auf den Inhalt von Maimon's Lehre eingegangen worden ist, haben sie die Bedeutung derselben doch noch nicht genug und zum Theil von etwas einseitigem Standpunkte hervorgehoben. Ich benutze daher diese Gelegenheit zugleich, dieselbe in meinem Sinne anzugeben. Ich habe dies, wie ich hoffe, in einer Art gethan, die jedem irgendwie allgemein Gebildeten verständlich sein wird und, falls das Leben Maimon's interessirt haben sollte, auch dem größeren Publikum, auf welches diese Schrift Rücksicht nimmt, als eine Ergänzung zur Kenntniß seiner Persönlichkeit willkommen sein dürfte. Dabei bin ich bemüht gewesen, trotz der gemeinverständlichen Form in diesem Abschnitte einige wissenschaftlich bedeutsame Punkte in neuer Weise zu beleuchten.

Noch einen Punkt muß ich hier erwähnen. Es sind mir gegenüber bald nach Haltung jenes Vortrages Aeußerungen gethan worden, denen zufolge in gewissen jüdischen Sphären über Maimon eine diesem ungünstige

Tradition zu bestehen scheint. — Selbst bei weiteren Erkundigungen in ähnlichen Kreisen habe ich nichts Begründetes dafür anführen hören; auch von jener Seite, die sich zuerst und aus eigenem Antriebe so vernehmen ließ, ist auf den Gegenstand nicht wieder zurückgekommen worden. Das Leben Maimon's macht jedoch, gerade soweit es in der Selbstbiographie enthalten ist, eine mißgünstige Ueberlieferung in engherzig jüdischen Kreisen nur allzu begreiflich. Andrerseits wird dasselbe dem Leser eben so sehr wie mir die Ehrenhaftigkeit des vielgeprüften Denkers verbürgen. Die gleiche Bürgschaft enthalten für mich drei umfangreiche Bände seiner fleißigen, tiefsinnigen und vielseitigen Schriften, deren Ton freilich im Briefwechsel mit K. L. Reinhold oft etwas beißend, aber auch dann noch stets anständig ist und deren sachlicher Inhalt gerade hier die geistige und sittliche Ueberlegenheit Maimon's über jenen beweist. Vor allem aber giebt solche Bürgschaft die Freundschaft, welche Karl Ph. Moritz und der edle Graf Kalkreuth für unseren Philosophen hegten, für einen Philosophen, vor dessen Geist Fichte „eine grenzenlose Hochachtung" zu haben bekannte und auf dessen Bedeutung als der Erste unter den Lebenden hingewiesen zu haben sich Erdmann nicht nehmen lassen will. (Vgl. desselben „Grundriß" Bd. 2. § 308, No. 6 am Ende auf S. 406 der 2. Aufl.)

Vielleicht dient diese Veröffentlichung also auch dazu, entweder unberechtigte Vorurtheile in gewissen Kreisen zu zerstören oder begründete abweichende Ansichten über Maimon aus dem Dunkel an's Licht zu ziehen. — Doch habe ich die Ueberzeugung, daß nur das Erstere der Fall sein wird.

Im Uebrigen bin ich mir sehr wohl bewußt, daß das eigentliche Interesse an dieser Schrift nicht in dem liegt, was meinerseits für den mir dargebotenen, von mir also nur aufgenommenen, Stoff geschehen ist, sondern in letzterem selber, und ich kann nichts mehr wünschen, als daß für eben diesen die ganze Theilnahme des Lesers zu gewinnen mir gelungen sein möge.

Berlin, im Spätsommer 1876.

Joh. H. Witte.

I. Einleitung.

In der Geschichte der Kantischen Philosophie, dieser die Gegenwart mehr als je mit Recht beherrschenden Lehre, nimmt eine der hervorragendsten Stellungen Salomon Maimon ein, ein merkwürdiger jüdischer Denker, mit dessen Leben sich nachfolgende Schrift in erster Linie beschäftigen wird und über dessen wissenschaftliche Bedeutung alsdann eine kurze Nachricht hinzugefügt werden soll.

Das Leben des Mannes ist nämlich in mancher Hinsicht bedeutsamer und noch bei Weitem der Beachtung werther als seine Werke, obschon auch letztere durchaus noch nicht genugsam gewürdigt sind.

Zwar werden wir in Maimon keinen Tugendhelden kennen lernen, ja es durchziehen sein gesammtes Wirken von frühester Zeit bis in die letzten Jahre seiner irdischen Laufbahn Charakter-Mängel, die uns bisweilen geradezu von der Persönlichkeit dieses Denkers abstoßen. Und doch zeigt sich auch etwas ethisch Hervorragendes in dem gesammten Wirken desselben, welches letztere freilich nach dem Angedeuteten ein überwiegend psychologisches Interesse hat. Das Ethische aber besteht darin, daß dies Leben uns ein gewaltiges Emporringen eines starken Geistes zeigt aus den zerrüttetsten und trostlosesten Verhältnissen zu einem Standpunkte, von dem aus derselbe, in voller Klarheit über seine traurige Vergangenheit, auf sie zurückschaut und sie in seiner Selbstbiographie*) mit treffendem und befreitem Blicke uns vor Augen führt. Ja, dies Leben, dem gemäß Maimon ein Geist ersten Ranges ist, erhöht zugleich das Interesse für die Schriften desselben, die vielleicht eine Bedeutung von solchen, deren Gedanken wahrhaft epochemachende Wirkung haben, erlangt haben würde, wenn ihr Verfasser auf ihren Inhalt besonders hinsichtlich der Darstellungsweise derselben die geistige Kraft hätte verwenden können,

---

*) Salomon Maimon's Lebensgeschichte. Von ihm selbst geschrieben und herausgegeben von K. P. Moritz. In 2 Theilen. Berl. 1792 bei Fr. Vieweg dem Aeltern.

mit der er den Stürmen des Lebens unabläſſig Trotz zu bieten veranlaßt war. Selbſt ſo ſind aber die Schriften des Mannes, wenn ſie auch nicht die Art von ſolchen erſten Ranges behaupten können, doch unter denen zweiter Gattung wenigſtens ihrem Inhalte nach von hervorragend= ſter Bedeutung.

Allein nicht nur jenes pſychologiſche Intereſſe, ſondern auch ein zweifaches hiſtoriſches darf Maimon's Leben in Anſpruch nehmen. Wenigſtens in der Weiſe, wie der Selbſtbiograph es uns dargeſtellt hat, eröffnet es uns einmal einen tiefen Einblick in die ſocialen Zuſtände Polens in der Zeit unmittelbar vor deſſen erſter Theilung und ſodann in die Eigenart jüdiſcher Gelehrſamkeit, wie ſie in talmudiſtiſchem und kabbaliſtiſchem Weſen ſich kund giebt. Von letzteren Punkten werde ich jedoch hier ganz abſehen ſowohl weil wir in dieſer Beziehung auf mannig= faltige Weiſe jetzt durch andere noch beſſer belehrt ſind und das Vorurtheil gegen die Juden nicht annähernd mehr dem des vorigen Jahrhunderts vergleichbar iſt, als auch weil ſolche Betrachtungen uns von den Schickſalen Maimons zu weit ablenken würden. Immerhin gebührt dieſem wegen ſeiner Selbſtbiographie das Verdienſt, als einer der erſten offenherzig und eingehend für das Verſtändniß weiter Kreiſe die Verhältniſſe ſeiner Glaubensgenoſſen in ihren Vorzügen und Nachtheilen urkundlich getreu dargeſtellt zu haben. Die Rückſichtnahme auf die polniſchen Zuſtände läßt ſich jedoch zum Theil nicht von der Jugendgeſchichte loslöſen.

II. Das Leben.

1. Die Eltern.

Salomon Maimon ist 1754 in polnisch Litthauen geboren. Dort hatte sein Großvater im Gebiete des Fürsten Radziwil nahe bei der Stadt Mirz einige Güter in einer Art von Erbpacht. Von den Zuständen, die damals und noch gegen Ende des vorigen Jahrhunderts in jener Gegend herrschten, macht Maimon eine Schilderung, aus der ich was er über die Juden, denen er entstammte, sagt, mittheilen will.

„Die Einwohner von Polen" — so beginnt er seine Lebensbeschreibung — „können füglich in folgende sechs Klassen oder Stände eingetheilt werden: hoher Adel, niedrer Adel, Halbadliche, Bürger, Bauern und Juden."

Die letztere Klasse, der Maimon entstammte, geht uns allein hier näher an; von ihren Mitgliedern berichtet er: „diese treiben Handel, sind Professionisten und Handwerker, Bäcker, Brauer, Bier-, Branntwein- und Meth-Schenker u. dgl." Das gilt jedoch nur von dem Gros dieses Standes, das Genauere über denselben ist vielmehr in folgender Schilderung enthalten.

„Die Juden können (wiederum) in drei Klassen eingetheilt werden, nehmlich in arbeitsame Ungelehrte, in Gelehrte, die von ihrer Gelehrsamkeit Profession machen, und in diejenigen, die sich bloß der Gelehrsamkeit widmen, ohne sich mit irgend einem Erwerbsmittel abzugeben, sondern von der arbeitsamen Klasse erhalten werden. Aus der zweiten Klasse sind die Oberrabiner, Prediger, Richter, Schulmeister u. dgl. Die dritte Klasse besteht aus denjenigen Gelehrten, die wegen ihrer vorzüglichen Talente und Gelehrsamkeit, die Aufmerksamkeit der Ungelehrten auf sich ziehn, von diesen in ihre Häuser genommen, mit ihren Töchtern verheirathet, und einige Jahre auf eigne Unkosten mit Frau und Kindern unterhalten werden. Nachher aber muß diese Frau die Ernährung ihres heiligen Müssiggängers und ihrer Kinder (die gemeiniglich bei dieser Klasse sehr zahlreich sind) auf sich nehmen, worauf sie sich, wie billig, sehr viel einbildet."

Nirgends ist — nach Maimons Urtheil — Religionsfreiheit und Religionshaß in solchem Grade anzutreffen wie in Polen. Dieser scheinbare Widerspruch hebe sich durch die Betrachtung, daß die in Polen den Juden zugestandene Religions- und bürgerliche Freiheit, nicht aus Achtung für die allgemeinen Rechte der Menschheit entspringt, sowie auf der andern Seite „der Religionshaß ... keineswegs die Wirkung einer weisen Politik ist, ... sondern beide Folgen der in diesem Lande herrschenden politischen Unwissenheit und Trägheit sind. Da nehmlich die Juden bei allen ihren Mängeln, dennoch in diesem Lande beinahe die einzigen brauchbaren Menschen sind, so sah sich zwar die polnische Nation gezwungen zur Befriedigung ihrer eigenen Bedürfnisse ihnen alle mögliche Freiheiten zu bewilligen, doch mußte auch ihre moralische Unwissenheit und Trägheit auf der andern Seite nothwendig Religionshaß und Verfolgung hervorbringen."

Maimons Großvater, Heimann Joseph, gehörte demnach zur ersten Juden-Klasse, den arbeitsamen Ungelehrten. Von den radziwilschen Dörfern, die er in Erbpacht hatte, wählte er das am Niemen mit Namen Sukowiburg zum Sitze.

Wie überall im Lande so waren auch hier die Zustände moralisch, politisch und ökonomisch in völliger Auflösung und Verderbniß begriffen; zumal von geordneten Rechtsverhältnissen war keine Spur.

So waren die Gebäude, die zu des Großvaters Pacht gehörten, „vor Alter verfallen. ..... Dem Pachtcontracte zufolge sollte der Gutsherr alles ausbessern und in brauchbaren Stand setzen zu lassen. Dieser hielt sich aber, wie alle Polnische Magnaten, beständig in Warschau auf, konnte also auf die Verbesserung seiner Güter keine Aufmerksamkeit verwenden." Die Verwalter aber hatten nur ihren eigenen Vortheil im Auge und „drückten die Unterthanen durch allerlei Erpressungen." Nun hatte jenes Gut gerade eine große Passage „und da die Brücken in schlechtem Zustande waren, so geschah es nicht selten, daß diese (Brücken), gerade wenn ein polnischer Herr mit seinem reichen Gefolge sie passirte, brachen. ..... Man ließ alsdann den armen Pächter holen, legte ihn neben die Brücke, und karbatschte ihn so lange, bis man glaubte sich genug gerächt zu haben."

Um solchem Schicksale zu entgehen hatte der Großvater Joseph Heimann eigens einen von seinen Leuten als Wachtposten an der Brücke aufgestellt. Dieser mußte einen etwaigen Unfall eiligst melden, damit

Familie Maimon sich noch zeitig genug in's nächste Gebüsch retten konnte. Alle hatten sich in Folge solcher vorsichtigen Postenmeldung einst geflüchtet, nur unseres Maimon Vater, der davon nichts wußte und hinter'm Ofen spielte, blieb allein zurück. Er wurde vom ergrimmten und Rache suchenden Herrn dort allein bei Durchsuchung des Hauses gefunden und gefragt, ob er Branntwein trinken wolle. Dem sich Weigernden schrie jener entgegen: „Wenn du nicht Branntwein trinken willst, so sollst du Wasser trinken." Er ließ auch sogleich einen vollen Eimer Wasser holen, und zwang meinen Vater — so erzählte Maimon — mit Peitschenschlägen ihn ganz auszutrinken."

Noch ähnliche Vorfälle werden erzählt, die alle in gleicher Weise die Rohheit und Verkommenheit des unglücklichen Landes kennzeichnen.

Der jährliche Ertrag der Pacht wäre, zumal bei der einfachen Lebensweise des Großvaters, nach des Enkels Meinung nicht nur zum eigenen Bedürfniß der Familie hinlänglich gewesen sondern auch zum Brauen und Branntweinbrennen. Allein die zu große Gastfreiheit und der Umstand, daß bei ungemeiner Oekonomie in kleinen Sachen die von größerer Wichtigkeit vernachläßigt wurden, brachte dem Hauswesen vielen Schaden. Wachs- oder Talglichter zu brennen galt für Verschwendung; die deren Stelle vertretenden Kienstreifen, deren eines Ende in die Ritzen der Wand gesteckt und das andere angezündet wurde, veranlaßten indeß nicht selten Feuersbrünste.

„Die Scheunen hatten keine ordentlichen Schlösser, sondern wurden blos mit hölzernen Riegeln verschlossen." ...

„Die Kühe kamen sehr häufig mit leeren Eutern von der Weide. Nach dem dort herrschenden Aberglauben sagte man in solchen Fällen: die Milch sei ihnen durch Zauberei benommen worden; ein Uebel, wogegen man nichts thun zu können meinte."

So war denn der Großvater der „ärmste reiche Mann von der Welt."

Derselbe wurde jedoch noch von größeren Unglücksfällen heimgesucht. Mit dem russischen Geistlichen, der mit seinen Pfarrkindern sich im Wirthshause des Großvaters bezechte und nie bezahlte, ging letzterem doch die Geduld aus und er wollte ihm nichts mehr auf Borg geben. Das sollte er schwer büßen. Mitten in einer Nacht ließ derselbe durch einen mit Heimann auch sonst sein Geschäft treibenden Biberhändler einen Sack in dessen Wohnung verhandeln, den dieser als einen mit Fellen annahm. Als er sich kaum wieder hingelegt hatte, wurde er von dem Geistlichen mit einigen Bauern herausgeklopft, die das Haus durchsuchten und im Sack einen Leichnam fanden. Dem Großvater wurden sofort die Hände gebunden und die Füße in Klötze geschlagen, und derselbe ward alsdann nach der Stadt Mirz geführt und dem Kriminalrichter übergeben. Der in Ketten Geschmiedete und in finsteres Gefängniß Geworfene bestand auf seiner Unschuld. Er verlangte das Verhören des Biberfängers. Der war zuerst nicht zu finden; drei mal wurde Joseph Heimann vom ungeduldigen Richter auf die Tortur gebracht, bis endlich jener Händler zur Stelle war und alles leugnete. Indeß die Torturprobe hielt dieser nicht aus und gestand alles.

„Der Kerl wurde nun ausgepeitscht — erzählt Maimon — und mein Großvater in Freiheit gesetzt, der Pope aber blieb Pope." Die Aussage des Biberfängers lautete nämlich: Jenen todten Körper habe er vor einiger Zeit im Wasser gefunden, und nach dem Pfarrer zum Begraben bringen wollen. Der Pfarrer aber habe gesagt: „mit dem Begraben hat es noch Zeit. Du weißt, daß die Juden verstockt und daher in alle Einigkeit verdammt sind..... noch bis jetzt suchen sie christlich Blut..... Sie brauchen es zu ihrem Osterkuchen. Du wirst also ein verdienstlich Werk thun, wenn du diesen todten Körper dem verdammten Juden von Pächter ins Haus praktiziren kannst."

Dennoch lebte unseres Maimon Großvater viele Jahre hindurch in dem Wohnorte seiner Vorfahren, und diese Pacht war dadurch gleichsam Familien-Eigenthum geworden. Vermöge eines jüdischen Ritualgesetzes nämlich, der Chasaka, das heißt: Recht des Eigenthums an einem Gute, wird ein solches Recht durch dreijährigen Besitz erworben. Es durfte darnach kein anderer Jude solch Gut durch Erhöhung des Pachtgeldes an sich ziehen, ohne den jüdischen Kirchenbann auf sich zu laden.

Deshalb wurde trotz der geschilderten wüsten Zustände und zumal bei dem reichen Ertrage der Großvater doch wohlhabend, sodaß er seine drei Töchter gut ausstattete und an tüchtige Männer vergab. Auch die beiden Söhne verheiratheten sich gleichfalls und verwalteten eine Zeit lang gemeinsam das Hauswesen des alternden und schwachen Vaters: dann aber erhielt der eine, Moses, als sie bei ihrem verschiedenen Temperament nicht länger zusammen wirthschaften mochten, ein anderes Dorf, während der Großvater unseres Maimon Vater, Namens Josua, bei sich behielt.

Er war seines Standes Gelehrter und zwar von Profession, nämlich jüdischer Rabbiner, und den häuslichen Geschäften nicht sonderlich gewachsen. Aber eine tüchtige, lebhafte, zu allen Geschäften aufgelegte und damals noch sehr junge Frau stand ihm zur Seite. Allein auch diese Stütze konnte ihn nicht vor den Ränken des fürstlichen Verwalters schützen. Der Vater handelte nach Königsberg und hatte einst dort gekaufte Waaren auf ein

Schiff des Fürsten Radziwil geladen. Als er nun zu Hause von dem Verwalter dieselben holen wollte, leugnete dieser den Empfang. Maimons Vater zeigte nun den Schein, den er über den Empfang ausgestellt hatte; der Verwalter zerriß ihn aber und wurde durch einen Proceß, den er an Maimon verlor, so sehr erbittert, daß er auf Rache sann. Einem jüdischen Bösewicht, der die Gesetze der Chasaka mißachtend, die rechtmäßigen Pächter durch höheres Pachtgeld verdrängte, übergab er das alte Maimon'sche Gut noch vor Ende der Pachtzeit. Mitten im Winter mußte Maimons Großvater sammt der ganzen Familie den alten Wohnort verlassen.

2. Salomon Maimon's Kindheit und erster Schulunterricht.

Schon in diesem Wohnorte hatte unser Salomon Maimon vom Vater den ersten Unterricht erhalten und war alsdann mit seinem älteren Bruder Joseph in die Judenschule nach Mirz geschickt worden. Die Schilderung von deren Beschaffenheit übersteigt wohl noch die sprichwörtlich gewordene Wüstenei einer solchen.

Vom Schulmeister Jossel heißt es: „Dieser war der Schrecken aller jungen Leute, die Geißel Gottes; er behandelte seine Untergebenen mit einer unerhörten Grausamkeit, peitschte sie um das mindeste Vergehen bis auf's Blut, riß nicht selten Ohren ab und schlug Augen aus." Die sich beschwerenden Aeltern warf er mit Steinen und dergleichen und jagte sie mit seinem Stock bis an ihre Wohnung.

„Die Schule ist — was die Räumlichkeit betrifft — eine kleine Rauchhütte und die Kinder sind theils auf Bretter theils auf bloßer Erde zerstreut. Der Lehrer im schmutzigen Hemd auf dem Tische sitzend, hält zwischen den Beinen einen Napf, worin er mit einer großen Herkuleskeule Schnupftaback reibt, und zugleich sein Regiment kommandirt. Die Unterlehrer exerciren jeder in einer Ecke und beherrschen ebenso wie die Lehrer selbst ihre Untergebenen ganz despotisch. Von dem den Kindern geschickten Frühstück behalten sie den größten Theil für sich.

Das Lesen der hebr. Schrift wird dessen ungeachtet noch ziemlich ordentlich erlernt, hingegen Grammatik nur ex usu durch Uebersetzung der heil. Schrift. — Zum Pfingstfest von der in der Stadt verweilenden Mutter mit nach Hause genommen, war er über Befreiung von der Schule und den Anblick der schönen Natur so entzückt, daß er seinem Bruder es kühn nachthuend aus dem Wagen sprang, jedoch zwischen die

Räder kam und dabei eine Zerquetschung des linken Beines erlitt. Das Hausmittel, wodurch dasselbe bald vollständig geheilt wurde, bestand darin, daß man einen Hund todtschlug und Maimon in dessen Leichnam den contracten Fuß wiederholt hineinsteckte.

Dies geschah, da die Familie noch in der alten Erbpacht lebte. Als sie aus angegebenem Grunde vertrieben war, irrte sie lange obdach=los umher und fand endlich in einem Dorfe der Gegend ein klägliches Unterkommen und Unterhalt. Die Mutter wurde darob fast wahnsinnig und mußte nach Nowogorod zu einem Arzt gegeben werden, der sie freilich bald wieder herstellte.

Der Sohn war sogleich nach der Niederlassung am neuen Orte von dort aus in die fünfzehn Meilen entfernte Talmudisten=Schule zu Jwerez gebracht worden. Schon während des Privat=Unterrichts hatte der Knabe Beispiele seltener Begabung und beharrlichsten Fleißes gegeben. Zwar ver=bot ihm der Vater, von den Büchern im Schranke der Stube irgend eines außer dem Talmud zu lesen. Aber wenn derselbe im Hause beschäftigt war, blätterte er alle Bücher durch und da er schon ziemlich viel Hebräisch ver=stand, fand er an denselben mehr Behagen als am Talmud. Besonders zog ihn ein astronomisches Buch an. Ein Kind von sieben Jahren, das noch nie von den Elementen der Mathematik etwas gesehen und gehört hatte, machte er sich ohne jede Anweisung mit erstaunlichstem Eifer darüber her. Er erzählt das also: S. 39:

„Da ich noch ein Kind war und die Betten in meines Vaters Hause sehr rar waren, so war es mir erlaubt, mit einer alten Großmutter, (deren Bette in gedachter Studirstube stand) zu schlafen.

„Und da ich den Tag über bloß mit dem Studium des Talmud „mich abgeben mußte und kein anderes Buch in die Hand nehmen durfte, „so bestimmte ich die Abende zu meinen astronomischen Betrachtungen.

„Nachdem also die Großmutter zu Bette gegangen war, steckte ich „mir frisches Kienholz an, machte mich über den Schrank her und holte „mir mein geliebtes astronomisches Buch hervor. Die Großmutter schalt „mich zwar, weil es der alten Frau zu kalt war, um allein im Bette „zu liegen, ich aber kehrte mich nicht daran, und setzte mein Studium so „lange fort, bis das Kienholz ausgebrannt war.

„Nachdem ich dies einige Abende getrieben hatte, kam ich endlich zu „der Vorstellung von dem Himmels=Globus und seinen zur Erklärung der „astronomischen Erscheinung erdichteten Zirkeln."

Noch weiter erzählt Maimon, wie er in die Sache tiefer eindrang, dann doch einmal von der Großmutter entdeckt wurde, die über das unheilige

Studium sehr erschrak. Der Vater erfuhr es so, schalt wegen Uebertretung seines Verbotes, freute sich aber doch, daß der Sohn das ganze astronomische Buch verstanden habe, dessen Inhalt er selbst sogar noch nicht begriff.

3. Knabenalter, Talmudstudium, Heirath.

Der so befähigte Knabe bewies sich als solcher nun auch bald in der Talmudistenschule zu Iwenez.

Das Studium des Talmud, sagt Maimon, ist das hauptsächlichste Augenmerk unsrer Nation bei einer gelehrten Erziehung. Dem gegenüber hätten selbst Reichthum, körperliche Vorzüge und aller Art Talente nur einen verhältnißmäßigen Werth. Nichts aber gehe bei den Juden über die Würde eines guten Talmudisten. Auf alle Aemter und Ehrenstellen hat er den ersten Anspruch. In einer Versammlung steht Alles ehrerbietigst vor ihm auf, weß' Alters und Standes auch sonst er sein möge.

Sein Studium, ebenso regelmäßig wie das der Bibel betrieben, hat drei Grade. Der erste besteht in Erlernung des aus verschiedenen orientalischen Sprachen und Dialecten zusammengesetzten Idioms. Da es kein Wörterbuch giebt, wird es nur durch Uebersetzen erlernt, wozu ein Lehrer anleitet.

Der zweite Grad besteht im Herausbringen des Inhalts und Auffassung des Zusammenhangs des aufgegebenen Abschnitts.

Der dritte oder Disputirgrad besteht in einem ewigen Hin- und Herreden über dies Buch, ohne Zweck und Ziel. Scharfsinn, Beredsamkeit und Frechheit geben dabei den Ausschlag. Es ist das eine Art talmudistischer Skepticismus, einem zweckmäßig systematischen Studium durchaus zuwider.

Der Knabe war an den mit dem Vater verwandten Oberrabbiner in Iwenez empfohlen, wurde in Folge dessen allwöchentlich am Sabbath geprüft und zeigte sich dabei alsbald schon im dritten Grade bewandert. Er machte Einwendungen, in Folge deren der Oberrabbiner frug, ob er sie auch seinem Lehrer gemacht hätte. Dies bejahte der Schüler, fügte jedoch auf weitere bezügliche Anfrage hinzu, daß der Lehrer ihm nichts zur Sache Gehöriges geantwortet und Stillschweigen geboten hätte.

Da beschloß der treffliche Rabbiner den geweckten Knaben selbst zu unterrichten und vollzog das auch nach Maimons Bericht in wahrhaft vorzüglicher Weise, sodaß der Vater sich auf's Wärmste bei dem uneigennützigen Wohlthäter, der das Stundengeld dem unfähigen Unterlehrer überließ, bedankte. Nicht lange indeß währte die Freude. Noch vor einem halben Jahre starb derselbe.

Das erfuhr der Vater unseres angehenden Philosophen und holte den Sohn nach Hause. Diese Häuslichkeit war jedoch wieder eine neue. Denn Maimons Vater war nach Mohilna, vier Meilen von Neschwitz übergesiedelt, einem neu gegründeten Städtchen im Gebiete des Fürsten Radziwil. Die Verhältnisse waren jedoch auch in der neuen Heimath immer noch sehr trübselige.

Schon in seinem elften Jahre, erzählt er selbst, wurde in ihm die erste sinnliche Begierde zum schönen Geschlechte auf eine so heftige Weise erregt, daß er vor Verheirathung nicht ruhig wurde und oft in Folge dessen außer sich gerieth. Er sah nämlich das arme, aber sehr hübsche Dienstmädchen des Hauses auf einmal in den nahe vorbeifließenden Fluß springen, als er ohne es zu wollen in die Nähe der Badestelle gerathen war.

Die Heirath sollte nun polnischer Sitte gemäß nur zu bald stattfinden. Noch im eilften Lebensjahre ward er contractlich als Schwiegersohn an die einzige Tochter eines gelehrten und reichen Mannes in Schmilowitz verhandelt. Dieser war für Maimon, der ja als gelehrter Talmudist ein kostbarer Gegenstand für alle Juden war, in Folge von dessen besonderem Rufe ganz bezaubert und hatte bereits 200 Gulden gezahlt, als kurz bevor die Hochzeit stattfinden sollte, die Tochter starb.

Darauf wurde unser Maimon weiter verhandelt, und buchstäblich wahr ist die Thatsache, welche er als Ueberschrift des 10. Kapitels des 1. Theiles seiner Biographie ausdrückt mit den Worten: „Man reißt sich um mich, ich bekomme zwei Weiber auf einmal und werde endlich gar entführt."

Der Vater hatte nämlich in Neschwitz, der Residenz im Gebiete des Fürsten R., wohin er, um seine sich immer schlechter gestaltenden häuslichen Umstände zu verbessern übergesiedelt war, eine Schule unter vortheilhaften Bedingungen gegründet. Eine Wittwe, die Besitzerin eines Gasthofs in der dortigen Vorstadt, bemühte sich um den gescheidten Talmudisten dringlichst für ihre Tochter; leistete derselbe doch bereits seinem Vater wackere Hülfe. Immer aber hatte dieser die Ausführung hingezogen. Als nun die Zeit kam, wo er wieder heimreiste und in jenem Wirthshause eines Tages auf Fuhrwerk wartete, wurde er von der Wirthin zur Ausführung gedrängt und das unter Beistand vom Oberrabiner, vom Prediger und Aeltesten dieser Gegend; diese, die bei einem Beschneidungsfeste anwesend waren, ließ jene Frau als zu einer schon feststehenden

Verlobung herbeirufen. Alle zusammen brachten auch wirklich den Vater dahin, einen Ehecontract folgenden Inhalts für den Sohn einzugehen:

Die Wirthin Madame Rissia verschrieb darin ihrer Tochter ihr Wirthshaus mit allem Zubehör zum Brautschatz, machte sich auch auf sechs Jahr zu Kost und Kleidung für das neuvermählte Ehepaar verbindlich. Außerdem bekam der Schwiegersohn das ganze Werk des Talmuds mit allem Zubehör, während unseres Maimon Vater sich zu nichts verpflichtete, vielmehr noch 50 Rubel im Geldbeutel dazu erhielt. „Sehr weislich — erzählt unser Selbstbiograph — hatte er nämlich über diese Summe keine Verschreibung annehmen wollen, sondern sie mußte ihm noch vor der Verlobung ausgezahlt werden." Indeß als nach Abreise Maimons mehrere Wochen vergangen waren, ohne daß noch weitere versprochene Geschenke nachgesandt wurden, so ward Salomon Maimon's Vater stutzig über die schon längst verdächtige Schwiegermutter; er beschloß also Gleiches mit Gleichem zu zahlen und verlobte den Sohn nochmals an die einzige Tochter eines reichen Arendanten, der sehr oft nach Reschwitz Branntwein brachte und bei seiner Durchreise durch Mohilna in Maimons Wirthshaus logirte. Eine Schuldobligation über 50 Rubel Polnisch erhielt letzterer in Folge dieses bezüglichen neuen Ehecontractes sofort zurück und der Sohn ward zum Universalerben des ganzen Vermögens jenes reichen Arendanten eingesetzt.

Darauf reiste letzterer zum Unglück nach Reschwitz, um dort Schulden einzukassiren. Zum Unglück mußte er bei der vorigen Schwiegermutter logiren, der gegenüber er sich wegen des gelehrten Talmudisten, den er für seine Tochter gewonnen rühmte. Als er den Namen nannte, schrie jene: das ist eine verdammte Lüge. Er zeigte jedoch den Ehecontract, worauf sie den ihrigen ihm entgegenhielt. Nur gerichtlich jedoch und durch Arrestlegen auf den Leichnam von der eben jetzt verstorbenen Mutter unseres Salomon setzte sie dessen Vater gegenüber ihr Recht durch.

Der Arendant mußte demgemäß weichen, versuchte jedoch mit Gewalt was er rechtlich verloren zu erreichen und entführte bei Nacht Salomon Maimon. Indeß wurde wegen des geräuschvollen Vorgangs der Diebstahl und Raub sofort entdeckt und die Beute dem Räuber entrissen, der nun, um nicht entlarvt zu werden, doch noch Maimons Vater seine Schulden erließ und ihm noch 50 Rubel hinzuzahlte.

„Mir kam" — sagt der Sohn — „damals die ganze Begebenheit als ein Traum vor." — „Ich muß freylich gestehen, daß die Handlung meines Vaters sich nicht ganz moralisch rechtfertigen läßt. Nur die große Noth, worin er sich damals befand, kann ihm einigermaßen zur Entschuldigung dienen."

Die Heirath wurde nun wirklich vollzogen, obschon bis zum Hochzeits=
tage und sogar an diesem selbst seitens des Vaters Maimon noch viele
Schwierigkeiten gemacht wurden.

4. Die ersten Jahre in der Ehe, trostlose Zustände der Heimath, Selbststudium der deutschen Sprache.

Aber letzterer stand nicht nur unter dem Pantoffel seiner Frau, son=
dern auch unter der Fuchtel seiner Schwiegermutter, die keine von ihren
Versprechungen erfüllte. Von den sechs Jahren Beköstigungen genoß er
kaum ein halb Jahr, und das der Tochter zum Brautschatze bestimmte
Haus war mit Schulden beladen.

Stets gab's Hader und Zank und die Schwiegermutter legte sogar
hin und wieder Hand an den verheiratheten Knaben, was dieser nicht
selten mit doppelten Zinsen erwiederte. „Es ging beynahe keine Mahl=
zeit vorbey, wo wir nicht wechselseitig Schüssel, Teller, Löffel u. s. w.
an den Kopf schmissen." Endlich entschloß sich Maimon, das Haus gänz=
lich zu verlassen und sich als Privatlehrer in Kondition zu geben. Nur
zu den großen Festtagen pflegte er nach Hause zu kommen.

Ueber die auf die Ehe in Sonderheit bezüglichen Geheimnisse äußert
er sich also:

„In meinem 14. Jahre bekam ich meinen ältesten Sohn David.
Da ich bey meiner Verheirathung nur eilf Jahre alt war, und nach der
bey unserer Nation in diesen Gegenden gewöhnlichen eingezogenen Lebens=
art und Mangel an wechselseitigem Umgang beyder Geschlechter, von den
wesentlichen Pflichten der Ehe keinen Begriff hatte und ein hübsches Mäd=
chen nur als ein jedes andere Natur= oder Kunstwerk betrachtete, ...
so war es natürlich, daß ich noch eine geraume Zeit nach meiner Ver=
heirathung nicht an Erfüllung dieser Pflichten denken konnte. Ich pflegte
mich meiner Frau als einem mir unbekannten Gegenstande mit Zittern
zu nähern. Diesem Uebel abzuhelfen wurde ich, in der Meinung, ich
sei zu meiner Hochzeit behext worden, zu einer alten Hexe gebracht. Diese
nahm mit mir allerhand Operationen vor, die freilich obgleich indirekt
mit Hülfe der Einbildungskraft gute Wirkung thaten.

Maimon's Leben in Polen von der Verheirathung bis zur Aus=
wanderung, und das ist der Zeitraum der Blüthe seines Jugend=Alters, ist
eine Reihe von manigfaltigem Elend, Mangel an allen Mitteln zur Beför=
derung seiner Entwickelung. Damit nothwendig verbunden ist ein un=

zweckmäßiger Gebrauch der Kräfte, deren schmerzhafte Zurückerinnerung der Selbstbiograph in sich zu ersticken sucht.

Immer mehr empfand er auch die trostlosen Zustände des Landes, besonders die Unwissenheit und Sittenlosigkeit des polnischen Adels. Das Land war in zwei Parteien gespalten: in die russische und deren Gegner, die Conföderirten, zu denen auch der Fürst Radziwil, der Herr des Gebietes, in welchem Maimon lebte, gehörte und der ein rechter Typus der entsetzlichsten pol. Magnaten war. Einer der ausschweifendsten Menschen, die je in der Welt gelebt haben, Besitzer unermeßlicher Güter, bedrückte er durch sein planlos geschehenes Partei-Ergreifen seine Unterthanen, indem er diesen die Russen auf den Hals zog und an ihnen selbst die größten Grausamkeiten verübte.

Der Selbstbiograph hält es für unmöglich die Ausschweifungen jenes Mächtigen zu beschreiben. „Die schlechteste schmutzigste Bauernfrau, die ihm in den Wurf kam, ließ er zu sich in den Wagen nehmen." Einen Barbier berief er einst zu sich, nicht um mit dessen Instrumenten sich operiren zu lassen, sondern damit er ihn selber aus purem Uebermuth zur Ader ließ, wobei er unkundig im Gebrauche der Lanzette ihn erbärmlichst verwundete.

Selbst die heiligsten Stätten, Kirche und Synagoge, entweihte er, jene durch schamloseste Benehmen in trunkenem Zustande, diese durch freche Zerstörung der heiligen Gefäße u. s. w.

Zum Glücke hören wir, daß das Scheusal ohne Leibeserben gegen Ende der achtziger Jahre des vorigen Jahrhunderts gestorben sei.

Und doch bewahrte sich der Knabe und Jüngling einen Sinn für Besseres, indem er immer mehr seinem stärksten Triebe, einem unbesiegbaren Wissensdurst, Nahrung zu geben bemüht war, so sehr es auch an allen Mitteln dazu gebrach und trotzdem er durch Schulmeisterschaft, Korrektur der heilgen Schrift u. dgl. eine ganze Familie ernähren mußte.

Konnte er schon im 16. Jahre einen vollkommenen Rabbiner, der seinen Talmud verstand, abgeben, so verlangte er jetzt nach fremden Sprachen. Dabei kam ihm ein glücklicher Zufall zu Hülfe. An einigen sehr starkleibigen hebräischen Büchern bemerkte er, daß zur Bezeichnung ihrer Bogenzahl das hebräische Alphabet nicht ausgereicht hatte. Im 2. und 3. Alphabet standen neben den hebräischen noch andere Zeichen, lateinische und deutsche. Aus den nebengesetzten hebräischen erräth er die Laute der fremden Zeichen. So wird er mit dem deutschen Alphabet bekannt, setzt sich aus den Buchstaben die Wörter zusammen und lehrt sich so selber deutsch lesen.

5. Selbststudium in der Kabbala.

Vor allem jedoch sehnt er sich nach der Geheimlehre der Kabbala; durch Hörensagen hat er von deren Dasein erfahren und daß der Unterrabbiner in Neschwitz deren kundig sei. Sorgfältig beobachtet er diesen beim Gottesdienste und endeckt, daß derselbe ein Buch, welches er nach dem Gebet regelmäßig liest, nachher an einer gewissen Stelle der Synagoge vorsichtig verbirgt. Nachdem der Prediger nun einst nach Hause gegangen, holte Maimon dorther das Buch sich vor und als er sah, daß es ein kabbalistisches war, versteckte er sich damit in einem Winkel, bis die Leute alle fort gegangen und die Synagoge geschlossen war. Alsdann kroch er aus dem Schlupfwinkel hervor und las in dem geliebten Buche den ganzen Tag über, ohne zu essen und zu trinken, bis der Schließer am Abend das Gotteshaus wieder öffnete. So machte er es ein paar Tage, in welchen er mit dem Buche fertig wurde. Dasselbe hieß: „Saarei Keduscha" oder die Thore der Heiligen und enthielt, alles Schwärmerische und Ueberspannte abgerechnet, in Kürze die Hauptlehren der Psychologie. „Ich machte es damit, schreibt Maimon, wie die Talmudisten von dem Rabbi Meier sagen, der einen Ketzer zum Lehrer hatte: Er fand einen Granatapfel, aß die Frucht und warf die Schaale weg."

Nun aber war die Wißbegierde erst vollends entbrannt und der junge Kabbalist wandte sich in Folge dessen schriftlich an den Prediger mit der inständigsten Bitte, ihn mit Büchern zu unterstützen.

Dieser erkannte in dem Eifer des Bittstellers für die heilige Wissenschaft unter so ungünstigen Verhältnissen ein besonderes Merkmal der Bestimmung dafür und erlaubte demselbem, zu ihm zu kommen und in seiner eigenen Wohnung die ihm selbst unentbehrlichen Bücher zu lesen. Das sollte jedoch bald anders werden. Denn — so erzählt der Biograph, „mein beständiger Besuch aber inkommodirte den Herrn Prediger ungemein. Er hatte seit kurzer Zeit eine sehr hübsche junge Frau geheirathet und da sein elendes Häuschen aus einem einzigen Zimmer bestand, welches zugleich Wohn-, Studier- und Schlafstube war, und wo ich ganze Nächte durchwachte, so kam meine Uebersinnlichkeit mit des Predigers Sinnlichkeit nicht selten in Kollision."

So geschah es, daß der letztere ihm die Bücher in Gottes Namen einzeln mit nach Hause zu nehmen gestattete. Das war eine große Freude, denn nun wurde das Studium bequemer und mit nicht minderem Eifer fortgesetzt, sodaß Maimon bald über das Wesen der Kabbala mit sich im Reinen ist. Sie erscheint ihm nach Abzug der phantastischen Einkleidung in ihrem wesentlichen Kerne als ein pantheistisches System von der Art des Spinoza. Sogar ein Commentar über dieselbe, der dieser Einsicht Ausdruck gab, wurde schon damals von ihm verfaßt.

6. Selbststudium der deutschen Wissenschaft; erste Hofmeisterstelle; Nahrungssorgen.

So war er mit der hebräischen Wissenschaft am Ende und trachtete nach der ihres Namens würdigen, nach der deutschen. Mitten im Winter machte er sich zu Fuß auf den Weg nach einer der benachbarten Städte, deren Oberrabiner deutsche Bücher besitzen sollte. Hatte er doch schon früher einmal eine Fußreise von 30 Meilen gemacht, lediglich um ein hebräisches Buch aristotelischen Inhalts aus dem 10. Jahrhundert zu sehen. Der Oberrabiner, an den noch nie jemand solche Bitte gerichtet, leiht dem Wißbegierigen unter anderen Sturm's Physik. Wie Schuppen fiel es dem Inhaber der neuen Schätze von den Augen, als er dies Werk zu Haus studirte, als er erfährt, wie Thau, Regen, Gewitter u. dgl. entstehen. Mit Hülfe medicinischer Bücher, worunter besonders anatomisches und ein medicinisches Wörterbuch, schreibt er sogar Recepte und beginnt als Arzt zu kuriren.

Gemäß seiner strengen Erziehung war Maimon in seiner frühesten Jugend, wie er uns versichert, auch selbst sehr fromm gewesen. Aber was auch sonst oft geschieht, daß, wo die Wissenschaft in so plötzlichen und unvermittelten Gegensatz zur streng religiösen Erziehung tritt, dieselbe auch der letzteren bleibende Grundlagen zerstört und mit ihrer Aufklärung über das Ziel hinausschießt, das sollte auch Maimon an sich erfahren. Er wurde ein arger Freigeist, der seine Ansichten in rücksichtslosester Weise äußerte und dadurch in seiner Gemeinde, zumal bei deren Oberen Anstoß erregte. Bestätigt in seinen Gesinnungen wurde er noch durch den Umstand, daß er einen Studien-Genossen fand, der seine Ansichten theilte. Derselbe hieß Moses Lapidoth, war von gleichem Alter und beinahe in denselben äußeren Verhältnissen. Nur hatte er nicht unseres Maimon frühzeitige wissenschaftliche Neigungen, jedoch solche zum Speculiren, auch viel Scharfsinn und Beurtheilungskraft. Im Gegensatz zu unserm Philosophen wollte er dabei nicht weiter gehen, als er mit dem bloßen gesunden Verstande reichen konnte. Ueber Herzensangelegenheiten, besonders über Gegenstände der Religion und Moral, pflegten diese Busenfreunde die eifrigsten Unterhaltungen. Aber auch dieser schwärmerische

Umgang mußte ein Ende nehmen. Als beide verheirathet wurden und die Ehen gleich fruchtbar wurden, mußte ein jeder behufs Ernährung der Familie eine Hofmeisterstelle annehmen. Dadurch wurden sie nicht selten ganz getrennt und konnten nur einige Wochen im Jahre zusammen sein.

Maimons erste Hofmeisterstelle war eine Stunde weit von dem Wohnorte. Er macht folgende Beschreibung:

„Armuth, Unwissenheit und Rohheit der Lebensart, welche hier hauseten, waren unbeschreiblich. Der Pächter selbst war ein Mann von ohngefähr 50 Jahren, dessen ganzes Gesicht mit Haaren bewachsen war und das sich mit einem schmutzigen, dicken, pechschwarzen Barte endigte, dessen Sprache eine Art Gemurmel und nur den Bauern, mit denen er täglich umging, verständlich war. Er konnte nicht nur kein Hebräisch, sondern auch nicht einmal ein Wort Jüdisch, blos Russisch (die gewöhnliche Bauernsprache) konnte er sprechen. Man denke sich dazu Frau und Kinder von eben dem Schlage. Ferner die Wohnstube: eine Rauchhütte, kohlschwarz von innen und von außen, ohne Kamin, wo bloß im Dache eine kleine Oeffnung zum Ausgange des Rauches angebracht ist, die, sobald man das Feuer ausgehen läßt, sorgfältig zugemacht wird, damit die Hitze nicht herausgehe. Die Fenster waren kreuzweise über einander gelegte schmale Streifen von Kienholz mit Papier überzogen. Dieses Gemach war Wohn-, Schenk-, Speise-, Studier- und Schlafstube zugleich. . . . Hier hängen schwarze Wäsche und andere schmutzige Kleidungsstücke auf den in der Stube der Länge nach angebrachten Stangen, damit das Ungeziefer im Rauche ersticke. Da hängen Würste zum trocknen, deren Fett den Menschen beständig auf die Köpfe heruntertröpfelt. Dort stehen Zober mit saurem Kohl und rothen Rüben (die Hauptspeise der Litthauer); in einem Winkel das Wasser zum täglichem Gebrauche und daneben das unreine Wasser. Hier wird Brot geknetet, gekocht, gebacken, die Kuh gemolken u. s. w.

In dieser herrlichen Wohnung sitzen die Bauern auf der bloßen Erde (höher darf man nicht sitzen, wenn man nicht vom Rauche ersticken will), saufen Branntwein und lärmen; in einer Ecke sitzen die Hausleute, hinter dem Ofen aber saß ich mit meinen schmutzigen halbnackten Schülern und explicirte ihnen aus einer alten zerrissenen Bibel aus dem Hebräischen in's Russisch-Jüdische. Dieses alles — so schließt Maimon die Schilderung — machte im Ganzen die herrlichste Gruppe von der Welt, die nur von einem Hogarth gezeichnet . . . . zu werden verdiente.

Man wird sich hiernach, zumal auch noch Einquartirung von Russen hinzukam, leicht vorstellen, wie jämmerlich Maimons Zustand sein mußte. Branntwein mußte als einziges Labsal ihm den Kummer vergessen machen.

Ungefähr um diese Zeit wurde er auch mit einer damals empor=
kommenden jüdischen Sekte, die neue Chasidim (Frommen), bekannt. Auf
listige Weise und durch für ihn damals nicht so leicht zu durchschauende
Spiegelfechtereien, zu denen sie sich eines noch selbst nicht gewitzigten Neulings
bedienten, gefangen, ließ er sich aufnehmen und hatte deshalb sogar eine
Reise zu dem Oberen der Sekte gemacht. Aber kaum war er eingetreten,
so entging ihm das Betrügerische nicht mehr und er machte sich sofort
wieder los. Vorzüglich durch die Autorität eines berühmten, bei der
Judenschaft in großem Ansehen stehenden Rabbiners Elias aus Wilba,
wurde die Sekte auch bald überall verfolgt und in ihren Zusammen=
künften gestört.

7. Reise über Königsberg nach Stettin und Berlin.

Die äußeren Umstände wurden aber immer schlechter, weil Maimon
sich zu seinen gewöhnlichen Geschäften nicht mehr schicken wollte und sich
überall außer seiner Sphäre befand. Auf der anderen Seite konnte er
seine Lieblingsneigung zum Studium in seinem Wohnorte nicht ganz befrie=
digen. Er beschloß drum nach Deutschland zu wandern, um Medicin zu
studieren und Arzt zu werden. — Es wird etwa im Jahre 70 gewesen
sein, da er sich im vierzehnten Jahre verheirathete und die Ehe bereits
fruchtbar war.

Einem ihm sehr befreundeten und frommen Gelehrten, der hohes
Ansehen genoß, entdeckte er sein Vorhaben, und derselbe verstand, einem
jüdischen Kaufmann so beredt die Wichtigkeit davon deutlich zu machen,
daß er Maimon mit sich nach Königsberg nahm. Dort erregte er bei
den Studenten, an die ihn ein zu beschäftigter jüdischer Arzt, an welchen
er sich zuerst gewendet hatte, verwies, anfangs mit seiner Sprache und
seinem Wesen Gelächter. Als er aber ihrer Aufforderung folgend Mendel=
sohn's Phädon*) geschickt in's Hebräische übersetzte und in dieser Sprache
treffend erklärte, riethen sie ihm, über Stettin nach Berlin zu wandern.
Auch verschafften sie ihm einige alte Kleidungsstücke und Unterhalt, so
lange er an ihrem Orte war.

---

*) Der „Phädon" ist 1767 erschienen. Im 14. Jahre ward Maimon's erster
Sohn geboren. Indeß war die Ehe, also nach 67 bereits fruchtbar. Es muß dem=
nach meine Berechnung im Wesentlichen richtig sein.

Er ging also zu Schiffe und hatte zur Zahlung nichts mehr als geröstetes Brot, einige Heringe und ein Fläschchen Branntwein. Zehn, höchstens vierzehn Tage würde ja die Reise nur dauern, ward ihm prosezeit. Sie währte aber fünf Wochen und zehrte seinen letzten Sparpfennig auf.

In solcher Armuth und überdies ohne Kenntniß der Landessprache schien es unmöglich eine Reise auch nur von wenigen Meilen zu machen. Es mußte aber einmal geschehen. So ging er denn von Stettin fort, setzte sich aber überwältigt von den Gedanken an sein Elend unter eine Linde und fing an bitterlich zu weinen. Dennoch faßte er Muth, und kam nach einem Marsch von ein paar Meilen Abends ermüdet in einem Wirthshause an. Es war am Abend vorm jüdischen Fasttage im August. Vor Hunger und Durst schon verschmachtet, sollte er also am nächsten Tage fasten und keinen Pfennig, keine Werthsache hatte er im Besitz. Endlich dachte er an einen eisernen Löffel, den er noch im Mantelsack hatte. Ihn gab er der Wirthin und erhielt dafür ein Glas sauer B'er, worauf er im Stalle auf's Stroh sich schlafen legte.

Am nächsten Morgen setzte er seine Reise fort bis zu einem Orte, wo eine Synagoge war. Nach Ende des Gottesdienstes, unterredete er sich mit dem jüdischen Schulmeister, der ihn als Rabbiner erkannte und ein Sabbathessen in einer feinen und reichen Familie verschaffte. Diese erstaunten über seinen erbaulichen Discurs, je weniger sie ihn verstanden, desto mehr und erzeigten ihm alle, einem Rabbiner gebührenden Ehren. Doch merkte er, wie das höchst elegant aufgeputzte Töchterchen von zwölf Jahren neben ihm saure Mienen machte und ihr Gesicht zu seinem Leidwesen sehr verzog. Ein Blick auf ihn selber erklärte ihm sofort den berechtigten Anlaß: Seit sieben Wochen hatte er kein frisches Hemd an, oft auf dem bloßen Stroh geschlafen u. s. w.

So übersah er sein ganzes Elend, nahm bald Abschied und setzte unter immerwährendem Kampf mit Entbehrung und allem möglichen Jammer die Reise fort bis Berlin. Dort endlich angelangt, mußte er, da die Residenz keine Betteljuden litt, vor'm Rosenthaler-Thor im jüdischen Armenhause bleiben.

8. Maimon's erster Berliner Aufenthalt und Bettlerirrfahrt nach Posen.

Erst spät bemerkte er einen Menschen, der dem Anzuge nach ein Rabbiner sein mußte. Ihm sprach er sich aus, erklärte sein Vorhaben, in Berlin Medicin zu studiren und zeigte ihm sogar seinen aufklärerischen Commentar über des Maimonides More Newochim. Das sollte ihm schlimm zu stehen kommen: Jener Rabbiner war höchst orthodox und schwärzte Maimon sofort bei den Aeltesten der jüdischen Gemeinde an, welche nicht nur die Erlaubniß in Berlin zu bleiben verweigerten sondern nicht ruhten, bis sie den Ketzer auf dem Wege vor dem Thore sahen.

Da warf er sich nun auf die Erde nieder und weinte auf's Neue. Die vielen, wie gewöhnlich, vor dem Thore spazierenden Menschen, kehrten sich meist an den Winselnden gar nicht; und wer es that, verstand ihn nicht. Er verfiel in ein hitziges Fieber, sodaß die ihn bemerkenden, Wache habenden Soldaten es meldeten, und der Aufseher ihn hereinholte in's Armenhaus. Dort blieb er noch einen Tag; dann hatte sich der an Leiden gewohnte Leib erholt und er mußte fort, wohin wußte Maimon selber nicht. Er nahm den ersten besten Weg und überließ sich seinem Schicksal. Dies führte ihn nach einer längeren Bettlerirrfahrt trostlosester Art, welche er alsbald mit einem Betteljuden von Profession in Gemeinschaft machte, nach Posen. Er bemühte sich letzterem Begriffe der Religion und wahren Moralität beizubringen, wogegen er in der Kunst zu betteln unterrichtet wurde. Diese Lehren wollten aber nicht anschlagen. Die Formeln hielt Maimon für abgeschmackt und daß er Einem fluchen sollte, der ihm eine Bitte verweigerte, fand er sowohl grund- als auch zwecklos.

Ging er einmal allein betteln, so wußte er gar nichts zu sagen; „aber, schreibt er, an meiner Miene und Stellung konnte man doch sehen, was mir fehlte."

9. Aufenthalt in Posen; erste Ehren und erstes Lebensglück.

In Posen angelangt, beschloß er denn auch um jeden Preis, solcher Wanderung ein Ende zu machen. Er erklärte dies, als er am herbstkalten Morgen nackt und baarfuß aufwachte, seinem Kameraden und wies dessen Frage, wie er sich denn sonst nähren wolle, mit der Antwort zurück: „Gott wird schon helfen."

Und er half. Zwar in der Judenschule konnte sich Maimon mit seiner litthauischen Sprache nicht verständlich machen und so verließ er diesen zunächst gesuchten Zufluchtsort. Er entsann sich nämlich, daß ein Oberrabbiner aus seiner Gegend vor einigen Jahren in Posen aufgenommen worden. Der war nun zwar seitdem fort, hatte aber seinen Sohn, einen zwölfjährigen Knaben beim Nachfolger zurückgelassen. Nach jenem frug er

bei diesem und wurde sofort erkannt. Dem fragenden Knaben bedeutete
er, ihm nicht alle Unglücksfälle sogleich erklären zu können und bat ihn
vielmehr um Erleichterung des Elends. Der Erstaunte und Gerührte
versprach es und meldete Maimon an beim Oberrabbiner „als einen
großen Gelehrten und frommen Mann, der durch besondere Zufälle in
einen sehr elenden Zustand gerathen sei."

Dieser Oberrabbiner, ein vortrefflicher Mensch und scharfsinniger
Talmudist und von sanftem Charakter wurde von Maimon's Elend auf's
Tiefste gerührt. Er disputirte mit diesem über die wichtigsten Gegenstände
und fand ihn in der ganzen jüdischen Gelehrsamkeit sehr bewandert.

Als sein Vorhaben erklärte Maimon, er wolle Hofmeister werden,
zunächst aber die heiligen Tage in Posen feiern. Er erhielt vom
Rabbiner so viel Geld als dieser bei sich hatte, der ihn auch aufforderte,
alle Sabbath bei ihm zu essen, und ihm sogleich bei einem der reichsten
und ältesten Juden der Stadt ein sehr eigenes Stübchen verschaffte. Auch
Essen und Trinken wurde ihm dort, so lange wie er in der Stadt sich
aufhielte, zugesichert. Ein Entzücken war es für ihn, als man nach dem
Abendessen ihm ein reinliches Bett anwies, so daß er verschiedentliche
Male fragte: „Ist dieses wirklich für mich?" „Mit Wahrheit kann ich
versichern" heißt es, „daß ich nie sowohl vor dieser Begebenheit als nach=
her einen solchen Grad von Glückseligkeit gefühlt habe, als damals, als
ich mich zu Bett legte und meine seit einem halben Jahr strapezirten, ja
beinahe zerbrochenen Glieder in einem weichen Bette ihre vorige Stärke
wieder erlangen fühlte."

Er schlief bis spät auf den Tag. Kaum war er aufgestanden, so
ließ der Rabbiner sich bei ihm erkundigen, ob er zufrieden sei. Als er
bei diesem erschien, konnte er keine Worte finden für seine Empfindung
und rief in Ertase: „Ich habe in einem Bette geschlafen." Der erfreute
Wohlthäter ließ auch noch Wäsche und Anzug in zwei Tagen dem Geretteten
auf seine Kosten machen, und so ausstaffirt in reiner Wäsche und neuem
Kleide ging dieser hin, jenem zu danken, konnte aber kaum einige ab=
gebrochene Worte hervorbringen. Der Oberrabbiner, der jeden Dank
ablehnte, hatte dabei nur ein mäßiges Gehalt und weil er dem Studium
sich hingab, führte die Frau die Verwaltung seiner Geschäfte und mußte
er ohne deren Willen solche Wohlthaten ausüben.

Am ersten Abende war Maimon im jüdischen Armenhause, das ein
armer Kleiderflicker inne hatte, eingekehrt. Dorther holte er sich jetzt
einige zurückgelassene Sachen und erregte Staunen und Freude durch
seine Verwandlung. Für ihren Säugling bat die junge Frau des Flickers

um seinen Segen, und der arme Reisegefährte um Verzeihung wegen seiner oft rohen Behandlung. Maimon gab letzterem alles Baare, was er bei sich hatte, segnete das Kind unter den Freudenthränen der Mutter und ging bewegt hinfort.

Das Bezeigen des Oberrabbiners wie auch das seines gelehrten Wirthes gegen Maimon brachten diesen in solchen Ruf, daß alle Gelehrten der Stadt ihn für einen berühmten reisenden Rabbiner hielten und kamen ihn zu sehen und mit ihm zu disputiren; „je näher sie mich aber kennen lernten, in desto größerer Achtung wurde ich von ihnen gehalten. Diese Zeit war unstreitig die glücklichste und ehrenvollste in meinem Leben."

Ein Beschluß der jungen Gelehrten der Stadt, ihm ein Gehalt auszumachen, wofür er sie über Maimonides durch Vorlesen belehren sollte, scheiterte nur an den für die Religiösität besorgten orthodoxen Eltern derselben. — Sein Wirth stellte ihm jedoch frei, bei ihm zu bleiben so lange er wollte, falls er sich nur dem Selbststudium zu ergeben die Absicht hätte. Wollte er jedoch auf Andere wirken, so möchte er ihm und dem Oberrabbiner zum Gefallen, eine Hofmeisterstelle bei seinem Schwager, dem reichsten Manne der Stadt annehmen, um dessen einzigen Sohn zu erziehen. Mit Freuden ging nun Maimon auf das Anerbieten ein und siedelte nach vierwöchentlichem Aufenthalte von seinem bisherigen Wirthe in die neue Stellung über. Er blieb zwei Jahre in größester Ehre darin. „Man that nichts in diesem Hause ohne mein Wissen. Man begegnete mir mit der größten Ehrerbietung. Man hielt mich beynahe für ein mehr als menschliches Wesen."

Ja, die Hochachtung ging soweit, daß man ihn, weil er nur auf kluge Beobachtung gestützt, sich für die Gesundheit der Braut seines Schülers besorgt erklärt hatte und deren Tod erfolgt war, zu einem Propheten machen wollte. Er suchte den Leuten das auszureden, es half aber nichts. Auf alle Weise bemühte er sich auch sonst, abergläubischen Thatsachen und Meinungen durch Aufdecken des wahren Sachverhalts zu steuern. Da wurde er denn auch in Posen verlästert, und dieser Fanatismus machte schließlich in ihm das Verlangen rege, nach Berlin zu reisen und den Rest des ihm noch anklebenden Aberglaubens durch Aufklärung ganz zu verwischen. Er forderte also den Abschied und blieb bei seinem Entschluß trotz des seitens seines Herrn geäußerten Wunsches noch länger in seinem Hause zu bleiben und trotz des von diesem ihm versprochenen Schutzes gegen jedwede Verfolgung.

10. Abreise von Posen, Studium des Maimonides.

Fanatische Verketzerungen wegen seines auch hier nicht verhaltenen Freisinns veranlaßten ihn alsdann die Stelle aufzugeben.

Von der ganzen Familie nahm er Abschied, setzte sich auf die Frankfurter Post und reiste nach Berlin. (Es muß etwa im Jahre 1772 gewesen sein).

Schon in Posen hatte sich unser Philosoph in die Schriften des Maimonides vertieft. Gerade ihnen verdankte er die größesten Einsichten und die vollste Läuterung seines Charakters. Dieser spanische Rabbiner aus dem zwölften Jahrhundert wurde sein Ideal, vor dem er solche Ehrfurcht hegte, daß er bei dem Namen Maimonides die Gelübde ablegte, die unverbrüchlich sein sollten. Den zweiten Theil seiner Biographie beginnt er daher mit einer Darstellung und Erklärung von Maimonides' Lehren, besonders von denjenigen, die in desselben berühmtesten Buche More Newochim enthalten sind. So anziehend und klar deren Inhalt wiedergegeben ist, so verzichte ich doch darauf, dem Biographen auf jenes Gebiet an dieser Stelle zu folgen. Auch bei ihm selber unterbrechen jene Erläuterungen den Faden der Lebensbeschreibung nur allzusehr. Denn volle zehn Kapitel füllen sie auf einhundert und fünfzig Seiten und damit über die Hälfte des zweiten Theiles derselben.

Die wichtigste Wirkung, die schon in Posen jene Schriften für ihn gehabt haben werden, mag wohl die sein, welche Maimon selbst so ausdrückt, wenn er in Bezug auf einen Abschnitt jenes Hauptwerks S. 111 sagt, daß daraus erhellet, wie man, durch eine vernünftige Exegese, den Glauben mit der Vernunft aussöhnen und in eine vollkommene Harmonie bringen kann. Ferner erhelle daraus, daß die Aufklärung nicht eben auf Erlangung neuer Kenntnisse und Wissenschaft beruht, sondern vielmehr auf Wegschaffung der uns von andern durch Erziehung und Unterricht beigebrachten falschen Begriffe, welches letzteres gewiß sehr wahr und beherzigenswerth ist. Diese Reinigung vom alten falsch anerzogenen jüdischen Adam hatte Maimonides an Maimon vollendet, und mit solchem Segen ging letzterer von Posen sehnsüchtig nach gleichen Einsichten fort und wandte sich nach Berlin.

11. Zweiter Berliner Aufenthalt. Wolfs Metaphysik. Moses Mendelssohn.

»Als er hier mit der Frankfurter Post ankam, hatte er diesmal nicht nöthig, vor dem Rosenthaler Thore zu bleiben; auch brauchte er sich nicht von den jüdischen Aeltesten examiniren zu lassen. Er fuhr ohne alle Schwierigkeiten in die Stadt und quartirte sich ein, wo es ihm beliebte. Freilich mit dem dauernden Aufenthalte hatte es eine ganz andere Bewandtniß. Die jüdischen Polizeibedienten liefen täglich in alle Gasthöfe und erkundigten sich genau nach der Persönlichkeit der angekommenen Fremden von ihrer Religionsgemeinschaft. Auch er wurde so entdeckt und für verdächtig gehalten; indeß glückte es ihm durch einen jüdischen Landsmann, von dem er gehört, daß er in Berlin sehr angesehen wäre, allen solchen Nörgeleien zu entgehen und er kam durch ihn mit einer Anzahl junger Leute aus vornehmen jüdischen Familien zusammen. Der Oheim des einen verschaffte ihm auch ein Logis und lud ihn zum Sab=batheffen ein. Eine andere Familie schickte ihm an bestimmten Tagen Essen. Jedenfalls erhielt er die Erlaubniß in Berlin zu wohnen und war, seinem Vorhaben getreu, eifrigst auf Erweiterung seiner Kenntnisse bedacht.

Zufälligerweise kommt er einst in einen Butterladen und findet den Krämer beschäftigt, ein ziemlich altes Buch für seine Zwecke zu zerreißen. Dasselbe ist Wolfs Metaphysik. Für zwei Groschen rettet er dasselbe und eilt freudig mit dem Schatze nach Hause.

Er ist ganz entzückt schon bei der ersten Lesung: „nicht nur diese erhabene Wissenschaft an sich — so preist er — sondern auch die Ordnung und mathematische Methode des berühmten Verfassers, seine Präzision im Erklären, seine Strenge im Beweisen und seine wissenschaftliche Ordnung im Vortrage zündeten in meinem Geiste ein ganz neues Licht an."

Mit der Ontologie, Kosmologie und Psychologie ging es noch recht gut. Die Theologie aber machte ihm Bedenken. Seine Zweifel setzte er in hebräischer Sprache auf und übersandte die Schrift Mendelssohn, von dem er so viel gehört hatte. Aufgemuntert durch dessen sofortige und anerkennende Antwort schrieb er eine metaphysische Disputation in hebräischer Sprache über die offenbarte und natürliche Theologie, deren Gründe er in Zweifel zog. Nach Mittheilung derselben wünschte Mendels=sohn, ihn persönlich kennen zu lernen. Maimon geht zu ihm und wird auf das Freundlichste aufgenommen. Auch für seinen Unterhalt ward nun gesorgt, indem auf Empfehlung des berühmten Gönners die auf=geklärtesten, vornehmsten und reichsten Juden sich Maimons annahmen.

12 Das Studium Locke's und Spinoza's und Maimon's Art zu disputiren und zu lehren.

In Berlin lernte er auch die Schriften Locke's und Spinoza's kennen und schätzen und bringt tief in dieselben ein. Häufig hatte er Gelegenheit zu disputiren; er giebt aber selber zu, daß seine Art damals noch oft schroff, ungeordnet und mangelhaft war. Ueberdies hatte er den Hang, alles auf eine etwas barocke Art durch Beispiele zu verdeutlichen.

Mit Marcus Herz, einem Arzt, der als Schüler und verständnißvoller Anhänger Kants viel genannt wird, unterredete er sich besonders oft. Ihm bemühte er sich einst Spinoza's System begreiflich zu machen, besonders den Gedanken, daß alle Gegenstände blos Accidenzen einer einzigen Substanz sind. Jener unterbrach ihn und sagte: „aber, mein Gott, sind Sie und ich nicht verschiedene Menschen und hat nicht ein jeder von uns eine eigene Existenz? „Macht die Fensterladen zu!" rief Maimon auf diesen Einwurf. Dieser seltsame Ausruf setzte in Erstaunen; Herz wußte nicht, was damit gesagt werden sollte. Maimon erklärte sich so: „Sehet . . . die Sonne scheint durch die Fenster. Dieses viereckigte Fenster giebt einen viereckigten und dieses runde einen runden Wiederschein; sind es deshalb schon verschiedene Dinge, und nicht vielmehr ein und derselbe Sonnenschein? Macht die Fensterladen zu, so werden diese verschiedenen Wiederscheine gänzlich verschwinden."

Ein ander' Mal vertheidigte er Helvetius' System der Eigenliebe. Auf den Einwurf von Herz, daß wir doch auch noch andre Menschen lieben, den dieser mit dem Beispiele seiner Frau erhärtete und welche letztere es wiederum durch einen Kuß bestätigte, entgegnete Maimon: „das beweist nichts gegen mich . . . denn warum küßt ihr Eure Frau? Weil Ihr Vergnügen daran habt."

„Lesen und Verstehen ist bei Maimon eins, sagt K. Fischer S. 127. Er versteht das Gelesene gleich so, daß er es erklären, commentiren, Andere darin unterrichten, Einwürfe dagegen machen kann. Er disputirt mit jedem Buche, welches er liest. Das ist sein Talmudistentalent, sein am Talmud geübter Scharfsinn, den er mit Leichtigkeit auf jedes beliebige Buch . . . . anwendet" . . . . . „So verfährt er mit der Kabbala, mit Wolf und Locke und ebenso später mit Kant. Heute lernt er Locke's Schrift zum ersten male kennen und morgen bietet er dem Freunde, der ihm das Buch geliehen, seinen Unterricht in der locke'schen Philosophie an. Ebenso so macht er es mit Adelungs deutscher Sprachlehre. Er, der kein deutsches Wort richtig lesen, der die deutsche Sprache nie fehlerfrei schreiben konnte, erbietet sich die deutsche Sprache lehren und Adelungs Grammatik erklären zu wollen, noch bevor er dieselbe auch nur gesehen hatte. Und es ist keine Prahlerei; er unterrichtet wirklich den Einen im Locke und den Anderen im Adelung."

13. Maimon's Charakter, die Gefahren für denselben in der letzten Zeit des zweiten Berliner Aufenthalts. Die Methode seines Selbststudiums. Gründe des Fortgangs von Berlin.

Es ist thatsächlich dies so geschehen; Maimon erzählt die gedachten Vorgänge selber und giebt auch die Gründe so an, daß an Richtigkeit der eben angeführten Darstellung Fischer's nicht gezweifelt werden darf. Dieser aber faßt hier auf's Trefflichste das zusammen, was bei Maimon durch für uns hier weniger wichtige Dinge getrennt ist, und zugleich mit richtiger Hervorhebung gewisser Vorzüge und Mängel, die der Selbstbiograph nicht anführen konnte, weil dieses in Bezug auf jene ein verdächtiges Eigenlob gewesen wäre, diese ihm selbst entgingen. Ich folgte deshalb hier K. Fischer.

Nicht beistimmen kann ich jedoch dem weiteren Urtheile über die letzte Zeit dieses zweiten Berliner Aufenthaltes. Diese Zeit sowie die nächstfolgenden Jahre sind freilich ein Abschnitt, in welchem Maimons Charakter uns am wenigsten gefallen kann. Es ist wahr: der vielgeprüfte Mann geräth hier wiederholt in ein Schwanken und Taumeln, das ihn hart an die gefährlichsten Abgründe führt. Aber — was doch die Hauptsache bleibt — er hält sich fest und aufrecht, er sinkt nicht hinab und gelangt endlich dahin, sein kurzes dornenreiches Leben mit einem vollen Jahrzehnt ungestörten verdienstvollen und rüstigen literarischen Schaffens zu beschließen, mit einem Jahrzehnt, in welchem er eine nicht unbeträchtliche Anzahl tief- und scharfsinnigster Schriften abgefaßt hat, die in der Geschichte der Philosophie für alle Zeit einen bestimmten und sicheren Platz behaupten.

Heben sie doch, wie ich es später nachweisen werde, einen klar zu bezeichnenden Punkt hervor, den die deutsche Philosophie in der Entwickelung zu dem Ziele, welches ihr seit Kant gesteckt ist, nicht vorbeigehen durfte, sondern überwinden mußte. Daß aber selbst die gewaltige geniale Kraft eines Maimon einmal zeitweise erlahmte, ist wahrlich nach so schwerem Ringen verzeihlich. Wie nahe an dem Rande des Abgrunds haben nicht selbst solche Geistes=Heroen unseres Volkes gestanden, welche theils in glücklichen Verhältnissen gewesen sind theils in Nöthen sich befunden haben, die, mit Maimons Drangsalen verglichen, nur geringfügig erscheinen, dabei denke ich an Männer, deren geniale Kräfte uns durchaus nicht für geringer, zum Theil für die höchsten gelten. Ich denke an unsere beiden großen Dichter und an Fichte. Und vor allem, ein wie gutes Gewissen mußte unser Philosoph schon deshalb haben, wenn er, der dennoch später zur geläutertsten sittlichen Ansicht gelangt war und stoisch streng dachte, mit der liebenswürdigen Offenheit uns die Lagen bekennt, in denen er dem Laster wohl nahe gewesen, dem Verfallen in dasselbe offenbar doch fern geblieben ist!

Der Zeitpunkt jedoch, an welchem im Laufe seiner Entwicklung die Versuchung bei Maimon so ernstlich sich geltend machte, ist sehr verständlich. Wir haben gesehen: ein von Natur mit beispiellosem Drange zum Wissen ausgestatteter Geist hatte sich in Folge dessen von der verfinsternden Erziehung in jüdischer Orthodoxie und talmudistischer Aftergelehrsamkeit befreit und mit gewaltiger Charakterstärke selber die Quellen vernünftiger Belehrung gesucht und in vollen Zügen mit willensstarkem Eifer aus ihnen geschöpft. Immer nur die Sache war es, der lebendige Inhalt der Wahrheit, dessen er immer vollkommener Herr zu werden suchte. So war er, zum Theil freilich instinctiv und nicht ohne manche Unterstützung durch einen glücklichen Zufall, aber doch nicht planlos und vor allem, weil er ein gewisses Ziel der Aufklärung mit Nothdürftigkeit und harter Anstrengung aus sich herausgearbeitet hatte, — so also war er von jüdischer Offenbarung durch den Talmud zur Kabbala, von dieser bis in die tiefsten Geheimnisse der jüdischen Philosophie, zumal eines Maimonides, von da durch die wichtigsten Werke neuerer englischer, französischer und holländischer Philosophie, besonders durch Locke und Spinoza, zu Leibniz und Wolf gelangt. Gründlich hatte er jetzt dessen Metaphysik durchgearbeitet und darüber mit Moses Mendelsohn, dem dieser Philosophie kundigen und als aufgeklärter und einsichtiger Verbreiter dieser Weisheit durch die Mittel volksthümlicher und klassischer Darstellung berühmten Manne disputirt.

Kant's Schriften indeß begannen erst um diese Zeit ihre erleuchtenden Strahlen als glänzendste Gestirne am philosophischen Himmel auszusenden und die Hauptwerke waren noch nicht einmal erschienen. Für Maimon war somit jetzt ein Zielpunkt erreicht: in der vorhandenen, ihm zugänglichen und entsprechenden philosphischen Litteratur gab es nichts mehr, woran sein Durst nach dem Gehalte der Wahrheit noch hätte gestillt werden können.

Also planlos war diese Entwickelung durchaus nicht, — aber formlos war sie, formlos in erschreckendster Weise. Und diesen Mangel fühlte er jetzt in seiner ganzen Stärke. Dem Inhalt der Sache war er nachgegangen, und sein Geist und Wille war stark genug gewesen, sie sich selber in jedweder Gestalt anzueignen, auch sogar sie Vorgeschrittenen, denen es auf den Gehalt vor allem ankam mitzutheilen, wie er es mit Locke und Adelung gemacht hatte. Aber nun war seine aus Anlaß des inneren Dranges zur Aufklärung halb instinctiv fortgeschrittene Entwickelung in gedachter Weise vollendet, er war jetzt in gewissem Grade mit sich fertig und sein Wissen abgeschlossen. Es galt jetzt, nicht mehr blos sich selber zu bilden und auch nicht mehr die Belehrung anderer nur als Mittel zum Zweck zu betreiben. Nein, es trat jetzt eine Selbstbesinnung ein, die ihm gebot, etwas für andere zu werden und zu sein und das in der Weise, daß er diesem Ziele alles Andere zum Theil unterordnete; kurz, er suchte einen Beruf.

Freilich war der einzig mögliche für ihn der der Belehrung durch Wort oder Schrift und doch war dieser auch wieder so gar nicht möglich. Bei einem dauernden Lehrberufe, wo die Schüler niemals blos nach dem Inhalt der Lehre verlangen sondern auch durchaus nach einer angemessenen Form derselben, da mußte der gänzliche Mangel an dieser in Maimons Wissen ein unübersteigliches Hinderniß des Unterrichts werden. Das fühlte er jetzt lebhaft; er fühlte es um so mehr, als er in den feinen geselligen Kreisen der vornehmen Berliner Juden auch mit der förmlichen Seite des Lebens bekannt geworden war, sowie mit Kunst und schöner Literatur und als er, trotz alles in seiner eigenthümlichen Vergangenheit und einseitigen Verstandesausbildung gelegenen und anfänglich geltend gemachten Widerspruchs, sogar endlich Gefallen daran gefunden hatte.

Mit einer Fülle des philosophischen Wissens ausgestattet und wegen seines Scharfsinns geschätzt, wurde er in jenen Kreisen so beliebt, daß er den Neid der jüngeren jüdischen Herren erregte, zumal da er auch bei den Damen gern gesehen war. Man führte also böse Nachrede über ihn, beschuldigte ihn — und das ja freilich nicht ohne Ursach — daß er ohne Beruf unnütz dahin lebte, auch der Freigeisterei.

Zu letzterem hatten die Ankläger selbst keinen Grund, wenn sie auf ihre eigene Person und auf die Art sahen, wie aufrichtig sie selbst es mit ihrer Religion nahmen. Den ersteren Vorwurf abzuwälzen, entschloß sich Maimon, da er zum Malen und zum methodischen Nachholen formeller Mängel zu alt erschien, einen Beruf zu erlernen, wozu er schon einige sachliche Vorkenntnisse in Physik und Chemie hatte. Er lernte also drei Jahre (75—78) lang in einer Apotheke; aber — wie es nicht zu verwundern ist — nur als theoretischer Zuschauer und nicht so, daß er jene Kunst practisch auszuüben im Stande war, trotzdem ein Zeugniß ihn als fertig in diesem Berufe bezeichnete. Das benutzten die Neider auf's Neue und um das Maaß voll zu machen, beschuldigten sie ihn sogar der Lüderlichkeit.

Alle Vorwürfe waren im Grunde unwahr, gewiß auch der letzte, obschon Maimon den mannigfachen Vergnügungen in Berlin eine Zeitlang nachgegangen ist. Das soll nun durchaus nicht unbedingt entschuldigt werden, aber bis zu einem gewissen Grade muß es bei einem Manne in jener Stimmung und Lage und an solchem Orte denn doch wohl geschehen, und keinesfalls darf man den Stab deshalb über ihn brechen, um so weniger, als der ehrliche Biograph gewiß die Wahrheit erzählt, wenn er berichtet, daß es seine Ankläger selbst waren, die ihn in lustige Gesellschaft und an unangehörige Orte auf ihre Kosten führten, und als er nicht mehr zugesteht, als daß sie ihm Gelegenheit gaben, die Annehmlichkeiten des Lebens zu genießen, wovon er trotz aller Gelegenheit gewiß nicht zu lasterhaften Gebrauch machte, wenn er jenen Gentlemans alsbald selber seine Verachtung bezeigte, weil sie für nichts als sinnliche Dinge Empfänglichkeit hätten.

Mendelssohn, dem man alles hinterbrachte, ließ denn auch Maimon zu sich kommen. Dieser vertheidigte sich gegen den ersten Tadel, daß er auf gar keinen Lebensplan bedacht sei, mit der in seiner Natur begründeten Neigung zum speculativen Leben und der auf dasselbe beruhenden Fähigkeit, durch Unterricht sich erhalten zu können; — wegen der von den heimtückischen Freunden vorgeworfenen Freigeisterei damit, daß er sagte: „Nicht die Schädlichkeit dieser Meinungen, sondern die Unfähigkeit dieser Herren, sie zu fassen und die Ausweichung eines solchen demüthigenden Geständnisses ist es, was sie gegen mich in Harnisch jagt." „Was aber den dritten Vorwurf betrifft," — fuhr Maimon gegen seinen Gönner fort — „so sage ich Ihnen Herr Mendelssohn geradezu: Wir sind alle Epikuräer. Die Moralisten können uns blos die Regeln der Klugheit d. h. den Gebrauch der Mittel zur Erreichung gegebener Zwecke, nicht aber die Zwecke selbst vorschreiben." Nun, Maimons Zwecke waren doch durchaus wissenschaftliche und bekennt er sich in angedeutetem Sinne als Epikuräer, so wird er auch klug genug gewesen sein, keine Dinge gethan zu haben, die wirklich, mit seinem Zwecke unverträglich gewesen wären und zu verurtheilen waren.

Wenn Maimon schließlich Mendelssohn zugestand, daß er von Berlin weggehen müßte, so that er das sicherlich, um den Neidern und der bösen Nachrede, nicht um solchen ihn wahrhaft compromittirenden Thatsachen zu entgehen, wie es nach Fischer erscheint.

Auch gab ihm Mendelssohn ein sehr vortheilhaftes Zeugniß seiner Fähigkeit und Talente mit und wünschte ihm glückliche Reise.

Darnach klingt es denn doch sehr eigenthümlich und es ist höchstens zum zehnten Theil richtig, wenn K. Fischer sagt:

„Er las durcheinander [sic!] Dichter und Philosophen, Wolf, Locke, Spinoza, Longin, Hume u. s. w. Er lebte planlos [sic!], auch wohl lüderlich [!!]; am Ende ergriff er einen Beruf, für den er kein inneres Bedürfniß hatte und lernte drei Jahre lang die Apothekerkunst, ohne sie am Ende gründlich erlernt zu haben. Zuerst verlor er die Theilnahme seiner Freunde und Mendelssohn selbst gab ihm den Rath, Berlin zu verlassen. (S. 128)."

Es war aber weder „planlos" noch auch wohl „lüderlich," wie Maimon lebte. In erster Beziehung habe ich ja gezeigt, wie freilich von „Formlosigkeit," nicht von Zuchtlosigkeit in Maimons Studien die Rede sein kann. Einem inneren Drange folgend, denselben aber auch zügelnd und beherrschend, hatte er nur eben mit einseitiger Richtung auf den Inhalt consequente Fortschritte gemacht, und wenn in Folge der Berliner Anregungen und Einflüsse seine ästhetische und literaische Theilnahme erwachte, so war es durchaus nichts Verkehrtes, daß er Homer, Longin und andere Klassiker, wenn auch blos in Uebersetzungen neben Locke und Spinoza las. Was würde Kuno Fischer wohl sagen, wenn jemand, der seine eifrige Beschäftigung mit den neueren deutschen und englischen Philosophen, besonders mit Kant, Fichte, Schelling, Hegel, mit Bacon und dessen Epigonen kennt, und nun hört, er läse auch Freitag's „Ahnen" oder Heyse's Novellen in seinen Mußestunden, sich das wegwerfende Urtheil erlauben wollte: „Er liest Philosophen und Romanschriftsteller Kant, Fichte, Schelling, Hegel, Bacon, Locke, Freitag, Heyse u. s. w. durcheinander!" Wäre dies nicht ein grundloser Tadel, der tendenciös Beschäftigungen durcheinander mengte, die sehr wohl, ohne sich zu hindern, nebeneinander getrieben werden können?

Was es aber mit Maimon's „Lüderlichkeit" auf sich hat, so hat meine obige Darstellung wohl gezeigt, daß das ein Mythus böswilliger Nachredner war, dem vielleicht kaum ein Körnchen wirklicher Ausschweifung zu Grunde lag. Und wenigstens hinsichtlich des Verhältnisses zum andern Geschlecht werden wir ein unzweideutiges Beispiel ehrenhaftester und lauterer Gesinnung alsbald kennen lernen.

14. Maimon's neues Wanderleben und mißliche Characterumstände.

Maimon reiste jetzt zunächst nach Hamburg. Aber der Mann, an den er empfohlen war, wollte nur Geld sammeln und suchte ihn bald los zu werden. So beginnt nun nothgedrungen ein kurzes Wanderleben, indem unser Philosoph sich auf ein Schiff nach Holland verdingt. Ein paar Wochen muß er auf dasselbe warten und als es die Elbmündung erreicht, hält widriger Wind es noch sechs andere auf; dann endlich geht es in See und nach drei Tagen ist er in Amsterdam. Er fährt von hier mit einer Treckschnite nach Grafenhagen, wo ein Mann aus vornehmer Berliner Familie sich von dort, wie er weiß, einen ihm bekannten Hofmeister hat kommen lassen. Er vermiethet sich bei einer armen jüdischen Frau und wird sofort durch einen Zufall bei derselben mit einem gelehrten Manne bekannt und, nach eingehender Unterredung, befreundet. Sodann besucht er den Hofmeister, von dem er dessen Herrn als ein höchst talentvoller Gelehrter vorgestellt wird. Gelehrte Anverwandte jenes vornehmen Holländers prüfen und bewundern eines Abends seine Kenntnisse in der Kabbala; indeß schon bei ebenderselben Unterhaltung verwandelte sich in Folge Maimons Aufklärung die Bewunderung in Haß und jene Gelehrten suchten ihn aus dem Hause des Schwagers zu verdrängen. Es gelang ihnen aber nicht. Der vernünftige Mann behielt Maimon bei sich, der etwa neun Monate darin auf völlig freiem Fuß, übrigens aber sehr eingezogen, ohne jegliche Berufsbeschäftigung und ohne ersprießlichen Umgang lebte. So geschah es, daß sich hier einmal seine Stimmung ihm so verdüsterte, daß er nahe daran war sich das Leben zu nehmen.

Noch ein Vorfall aus dieser Zeit ist wichtig und dies zwar eben als Zeugniß seiner Gesinnung. —

Eine 45 jährige Frau, die dort durch franz. Unterricht sich ernährte, besuchte ihn einst und äußerte unwiderstehliche Begierde nach wissenschaftlicher Unterhaltung. Sie kam öfter zu ihm und bat endlich um die Ehre seines Besuches.

Diesen Wunsch erfüllte er auch einigemal, und der Umgang wurde vertrauter. Achten wir nun auf die Art, wie er sich weiter über diese Begebenheit äußert und in diesem Falle benimmt, so dürften alle Zweifel an seiner im Grunde vorhandenen Reinigkeit doch wohl schwinden müssen. Er erzählt:

„Wir unterhielten uns gemeiniglich über Gegenstände der Philosophie und schönen Wissenschaften u. dgl. Da ich nun damals noch im Ehestande lebte, und Madam außer ihrer schwärmerischen Gelehrsamkeit, nicht viel Anziehendes für mich hatte, so dachte ich auf nichts als auf bloße Unterhaltung." Von der Dame aber, die schon ziemlich lange Wittwe war, hören wir dann weiter, daß sie sich in ihn verliebte. Zuerst hielt er ihre Blicke und romantische Art der Aeußerung für bloße Grimasse und Affectation. Endlich gestand die alte Närrin ihm ihre Neigung, worauf er sie auslachte, sich von ihr losriß und davon lief. Sie jedoch schrieb ihm einen höchst unpassenden und vorwurfsvollen Brief, worauf er mit folgendem Billet antwortete:

„Madam!

Daß Sie sich geirrt haben, lehrt der Erfolg. Sie sagen, ich sei ein ächter Epikuräer, Sie thun mir hiermit viel Ehre an. So wie ich den Titel eines **Epikuräers** überhaupt verabscheue, so bin ich im Gegentheil auf den Titel eines ächten Epikuräers recht stolz. Freilich gefällt mir an einem Frauenzimmer bloß Schönheit. Da diese aber durch andere Talente erhöht werden kann, so müssen mir auch diese als Mittel zum Hauptzweck bei einem Frauenzimmer gefallen. Im entgegengesetzten Fall kann ich ein solches Frauenzimmer wegen dieser Talente blos schätzen, keinesweges aber lieben, wie ich mich schon mündlich darüber erklärt habe. Für die Gelehrsamkeit der Madame Dacier habe ich allen Respekt: sie konnte sich allenfalls in die griechischen Helden, die bei der Belagerung von Troja zugegen waren, verlieben und von ihren sie beständig umschwebenden Manen Gegenliebe erwarten, weiter aber auch nichts. Was übrigens, Madame, Ihre Rache anbetrifft, so fürchte ich diese nicht, indem die alles zerstörende Zeit, Ihre Waffen (Zähne und Nägel nämlich) zerbrochen hat! Ihr . . . ."

So endigte dieser seltsame Liebeshandel; Maimon merkte, daß für ihn in Holland nichts zu thun sei. Denn in Holland war der Hauptbetrieb Geldsammeln und keine Neigung zur Wissenschaft. Auch konnte er wegen Mangel an Kenntniß der holländischen Sprache, in keiner Wissenschaft Unterricht geben.

Er beschloß deßhalb über Hamburg wieder nach Berlin zurückzukehren und fand Gelegenheit bis Hannover zu Land zu reisen. Ein reicher Mann (M.), dem er Mendelssohns Empfehlung zeigte und seine dringende Umstände vorstellte, las jene bedächtig durch, ließ sich Tinte und Feder geben und schrieb ohne nur ein Wort mit ihm zu sprechen, darunter: „Auch ich M. . . . . bezeuge hiermit, daß das, was Herr Mendelssohn zum Lobe des Herrn Salomon schreibt, seine völlige Richtigkeit habe" und damit ließ er ihn gehen.

15. Aufenthalt in Hamburg und vereitelte Absicht zum Christenthum überzutreten.

Endlich nach Hamburg gelangt, kam er jedoch wieder recht zum Bewußtsein der allerbedrängtesten Umstände, in denen er sich befand. „Ich war zu aufgeklärt," sagt er, „um zurück nach Polen zu gehen in Elend, Mangel an aller vernünftigen Beschäftigung, jedes Umgangs beraubt mein Leben zuzubringen, um in die Finsterniß des Aberglaubens und der Unwissenheit, woraus ich mich mit so vieler Mühe kaum losgemacht hatte, zurück zu sinken. In Deutschland fortzukommen durfte ich mir auch, aus Mangel an Kenntniß der Sprache, Sitten und Lebensart ..... keine Rechnung machen. Eine bestimmte Profession hatte ich nicht gelernt, in keiner besonderen Wissenschaft mich hervorgethan, ja ich verstand nicht einmal irgend eine Sprache, worin ich mich ganz verständlich machen konnte."

So entschloß er sich denn — zumal da, wie er sich äußert, seine Nation weder „von einem solchen unplanmäßigen," noch auch „von einem vollkommen planmäßigen Studium" Gebrauch machen konnte und endlich der unnützen Unterstützung müde wurde, — um seine „zeitliche sowohl als ewige Glückseligkeit, welche von der Erlangung der Vollkommenheit abhängt, zu erreichen," und um sowohl sich selbst als andern nützlich zu werden, die christliche Religion anzunehmen. Er wandte sich deshalb an einen lutherischen Pastor. Dieser jedoch war ehrenhaft genug, das Vorhaben zu vereiteln, weil das von Maimon abgelegte Bekenntniß mit der christlichen Religion unvereinbar war. Ebenso blieb Maimon stark genug in aller Bedrängniß, nicht seine Ueberzeugung zu verleugnen, und hielt daran fest auf den Uebertritt zu verzichten, wenn mit seiner Ueberzeugung die Geheimnisse der christlichen Religion nicht durch allegorische Deutung zu vereinigen wären.

Denn, sagt er zu Ende des Aufsatzes, der sein Bekenntniß dem Geistlichen darlegte: „ich muß allen Anspruch auf eine Religion aufgeben, die mir zu lügen befiehlt, d. h. mit Worten ein Glaubensbekenntniß abzulegen, das meiner Vernunft widerspricht." Als daher in der Unterredung der Pastor frug: „Spüren Sie in sich keinen inneren Trieb zur christlichen Religion ohne Rücksicht auf alle äußerlichen Motive?" so antwortete ich: „ich müßte lügen, wenn ich dieses von mir bejahen sollte."

Der Pastor entgegnete wieder:

„Sie sind zu sehr Philosoph, um ein Christ werden zu können. Die Vernunft hat bei Ihnen die Oberhand, und der Glaube muß sich nach derselben richten. Sie halten die Geheimnisse der christlichen

Religion für bloße Fabeln, und die Gebete dieser Religion für bloße
Gesetze der Vernunft. Für jetzt kann ich mit Ihrem Glaubensbekenntniß
nicht zufrieden sein. Der Pastor schloß mit der Aufforderung, nach der
Erleuchtung durch den Geist des wahren Christenthums wiederzukommen.

Maimon jedoch sagte:

„Wenn dem so ist, so muß ich gestehen, Herr Pastor, daß ich zum
Christenthum nicht qualifizirt bin. Das Licht, das ich empfangen werde,
werde ich immer mit dem Lichte der Vernunft beleuchten. Ich werde
nie glauben, auf neue Wahrheiten gerathen zu sein, wenn ihr Zusam=
menhang mit den mir schon bekannten Wahrheiten nicht einzusehen ist.
Ich muß daher bleiben, was ich bin, ein verstockter Jude."

Könnten wir bis hierher vielleicht Maimon beizustimmen geneigt sein,
so wird jeder, für den es überhaupt noch etwas giebt, das dem Begreifen
durch menschliche Vernunft spottet und doch das menschliche Gemüth in
seiner Ganzheit so oft durchdringt, als dasselbe eines Denkens, Fühlens
oder Wollens sich bewußt ist, welches geraden Wegs über die unendlichen
Schranken es erhebend hinaustreibt, — so wird ein jeder derartig reli=
giös Gestimmte wenigstens in dieser Stimmung dennoch das nicht mehr
für ein religiöses Bekenntniß halten, was in den folgenden Sätzen nieder=
gelegt ist, mit denen Maimon sich empfahl:

„Meine Religion — so sagt er — befiehlt mir, nichts zu glauben,
sondern die Wahrheit zu denken und das Gute auszuüben. Werde ich
selbst darin durch äußere Umstände gehindert, so ist dieses nicht meine
Schuld. Ich thue was in meinem Vermögen ist."

Es ist aus dem Bildungsgange eines Autodidakten, der alles Wissen
oder — denn mehr ist ja freilich nie möglich — alle Aneignung eines
solchen sich selber verdankt, sehr begreiflich, daß er an die Möglichkeit
einer reinen natürlichen Religion glaubt. Eine unmittelbare übersinn=
liche Einwirkung, die nicht mit dem gewöhnlichen Gange individuellen
Geschehens identisch ist und in dasselbe nicht ohne Rest aufgeht, war
für Maimon ein Unding; sie erschien ihm unvernünftig, weil er sie nur im
Widerspruch mit dem Naturgesetze zu verstehen vermochte und sich nicht
zu der Anschauung zu erheben im Stande war, für welche die ganzen
noch so unermeßlichen Natur=Welten doch nur Erscheinungen und Bilder
sind des göttlichen Geistes, der sie geschaffen und der in seinem Eben=
bilde, dem menschlichen Geiste, der seine Schöpfung widerspiegelt, auch
sich selbst unmittelbar anzukünden vermag.

Maimon blieb also Jude. Schlecht genug erging es ihm nun zu=
nächst. Die Beschwerlichkeiten der Reise und die mangelhafte Diät zogen

ihm ein kaltes Fieber zu. Doch der Wirth, in dessen Herberge er auf einem Strohlager unter dem Dache zubrachte, hatte Mitleid und rief einen jüdischen Arzt, der ihn heilte.

Unterdessen erfuhr ein junger Mensch, der ihn von Berlin aus kannte, seine Ankunft und wies ihn an einen geschickten und braven Herrn, der ihn ebenfalls dort gesehen. Dieser erkannte schon den ungewöhnlichen Menschen, durchschaute aber bei einer Unterredung auch sogleich, daß die Vernachlässigung des Sprachstudiums das Haupthinderniß für eine Zukunft wäre. Er rieth ihm, das Gymnasium in Altona zu besuchen, wo sein Sohn studirte, um jenen Zweck zu erreichen. Für eine Unterstützung wollte er sorgen.

16. Maimon auf dem Gymnasium in Altona. Besuch in Berlin. Mißglückte literarische Pläne.

In der That nahm Maimon das Anerbieten an, bequemte sich dazu, das Versäumte in den Sprachen nachzuholen und lebte zwei Jahre ruhig und zufrieden in Altona. Er wohnte, da er sonst schon vielfach vorgeschritten und in manchen Gebieten bereits ein tüchtiger Gelehrter war, nicht allen Lehrstunden bei, sondern wählte sich nach Gefallen aus. Am Ende des zweiten Jahres erhielt er ein vorzügliches Zeugniß, das besonders seine philosophischen und mathematischen Kenntnisse rühmte; in den Sprachen blieb er zurück, obwohl er es im Lateinischen und Englischen bis zur Zufriedenheit der Professoren brachte; vom Griechischen aber hatte er fast gar keine Kenntnisse. Es zeigen das auch die orthographischen Fehler in den griechischen Wörtern seiner Schriften nur allzudeutlich. Doch war dies ein Mangel, den er mit größeren Genien zu seiner Zeit, z. B. mit Schiller theilte.

So ausgerüstet besuchte er (etwa im Jahre 81) seine alten Berliner Freunde, vor allen Mendelssohn, und bat, da er nun Sprachkenntnisse erworben, ihn zu irgend einem seinen Fähigkeiten angemessenen Geschäfte zu gebrauchen. Sie geriethen auf den Einfall, daß er zur Aufklärung der polnischen Juden wissenschaftliche Bücher in hebräischer Sprache schreiben sollte. Sie wollten dieselben auf ihre Kosten drucken lassen.

Aber womit sollte der Anfang gemacht werden? Einer rieth, Basnage's Geschichte der Juden aus dem Französischen zu liefern, und an einer glänzenden Probe der Uebersetzung, die Mendelssohn selbst befriedigte, zeigte er seine Fähigkeit dazu; ein anderer wollte lieber Reimarus' natürliche Religion haben. Mendelssohn hielt seine Meinung zurück, denn er sah ein, daß das alles ohne rechten Nutzen war.

Maimon war im Grunde derselben Ansicht, konnte jedoch nur durch Erfüllung dieser Vorschläge der Freunde existiren und ging auf deren Rath, um besser Muße zu haben, nach Dessau. Von hier aus entschied er sich dafür, ein mathematisches Lehrbuch in hebräischer Sprache abzufassen. Diese Wissenschaften seien ja der Geistesentwickelung besonders förderlich und ständen nicht mit Religion in Verbindung, sodaß sie bei den polnisch-jüdischen Orthodoxen keinen Anstoß erregen würden. Den Entschluß meldete er nach Berlin, und es kam die Antwort, daß er an die Ausführung gehen sollte.

Als die Arbeit fertig war, hatten sich die Freunde denn doch überlegt, daß auch sie ohne Erfolg sein würde und sie weigerten die Herausgabe, selbst die nur von Maimon in Anspruch genommene Entschädigung für die aufgewandte Mühe.

Mendelssohn blieb in der Zwistigkeit ganz neutral und suchte sogar die Freunde zu bewegen, für Maimon's Subsistenz zu sorgen. Aber vergebens. Deshalb wendete sich Maimon nach Breslau.

17. Aufenthalt in Breslau. Verhältniß zu Ephraim Kuh und Garve. Hauslehrerberuf. Ehescheidung.

Empfehlungsschreiben dahin hatte man ihm zwar mitgegeben, jedoch in wahrhaft empörender Weise noch ehe er angelangt sein konnte, Uriasbriefe vorausgesandt, die ihn anschwärzten. Er wurde kalt aufgenommen und war schon im Begriff abzureisen, als er den berühmten jüdischen Dichter Ephraim Kuh kennen lernte. Dieser gelehrte und edelgesinnte Mann gewann Geschmack an Maimon und rühmte ihn überall bei den reichen Juden; wegen der Berliner Briefe gelang es ihm indeß nicht das Vorurtheil derselben zu überwinden.

Mißvergnügt über seine traurige Lage beschloß er sich mit christlichen Gelehrten bekannt zu machen. Diese sollten ihn dann bei den Reichen seiner Nation empfehlen. Zu diesem Zwecke schrieb er einen Aufsatz, worin er seine Gedanken über die wichtigsten Gegenstände der Philosophie aphoristisch vortrug. Damit ging er zu Garve, der sich freundschaftlichst mit ihm unterhielt, ihm ein sehr gutes Zeugniß gab und ihn außerdem mündlich mit vielem Nachdruck dem reichen Banquier Sigmann Meier empfahl. — Dieser setzte ihm monatlich eine Summe aus und sprach auch mit Anderen deswegen.

Seine Verhältnisse verbesserten sich so allmählig, besonders aber war es die Thätigkeit als Hauslehrer, von der er lebte. Aber am

Selbststudium wurde er dadurch, zumal durch das Zusammenwohnen in einer Stube mit den Kindern gestört. Er versuchte also noch in die medicinische Wissenschaft durch Hören von Vorlesungen einzudringen; es gelang ihm aber nicht, da er einen Widerwillen gegen die Praxis derselben nicht überwinden konnte. —

Als nun auch seine Hauptschüler, die Söhne eines Herrn Zadig in den kaufmännischen Beruf eintraten und die Stunden aufgaben, so wurde seine Lage um so schlimmer, als jetzt seine Frau mit dem ältesten Sohne aus Polen ihm nachgereist kam und seine sofortige Heimreise mit ihr oder Scheidung verlangte.

Schon durch einen Abgesandten nach Hamburg hatte sie früher jenes gefordert. Er hatte es jedoch abgelehnt; denn er fand sich noch nicht im Stande und befähigt, ehe er sich noch weiter gebildet hätte, unter den polnischen Wirrsalen unabhängig von den ihn verketzernden Juden zu leben. Auch jetzt stellte er der Frau vor, daß die Rückkehr nicht sofort möglich wäre. Er müsse seine Lage erst den Berliner und Breslauer Freunden vorstellen und um ein par hundert Thaler Beistand ersuchen, um in Polen nicht abhängig von den Religionsverwandten zu leben.

Sie bestand jedoch darauf und so mußte er von zwei Uebeln das Kleinere wählen und in die Scheidung willigen, trotzdem wie er versichert, es ihm doch „Leid that, eine Frau, der er einst gut gewesen, zu verlieren." Und doch hatte er diese Frau nicht geheirathet, sondern als Kind war er willenlos zu ihrem Gatten geworden und das unter den empörendsten Verhältnissen. Es ist also nicht richtig, daß er sich nicht um sie kümmerte, sondern nur dies ist der Fall, daß er aus jenen gränlichen Umständen seiner Heimath, in der er es nicht aushalten konnte, fortging und fortgehen mußte.

Er that nichts anderes, als daß er selbst Weib und Kind der Wahrheit halber verließ und allein dem Göttlichen nachging, da jene nebst den Verwandten solches Streben verketzerte und zu verstockt blieb, um ihm zu folgen. Auch jetzt suchte er Frau und Sohn zu überreden, in Deutschland zu bleiben und besonders jenem es deutlich zu machen, daß er durch seine Anleitung und durch Unterstützung von Freunden sich hier besser entwickeln würde. Die Vorstellungen, welche Eindruck gemacht hatten, redeten indeß die orthodoxen Juden, die besucht wurden, dem Sohne aus, und dieselben stellten auch der Mutter vor, sich nichts merken zu lassen, sondern erst das Geld zur häuslichen Einrichtung sich vom Gatten zu verschaffen und dann erst die wahre Absicht kundzuthun und auf Ehescheidung zu bestehen. Diese wurde denn endlich auch vollzogen. Noch einige Zeit darauf blieb Maimon in Breslau, dann aber ging er zum vierten Male nach Berlin.

18. Vierter Berliner Aufenthalt nach Mendelsohn's Tode.
Zufluchtsstätte beim Grafen Kalkreuth.

Hier war Mendelsohn inzwischen gestorben (— es war also im Frühjahre 1786 und Maimon 52 Jahre alt —) und so kam Maimon zunächst in die peinlichste Lage. Aber durch Unterstützung von Freunden brachte er es trotz neuer Verketzerungen doch dazu, sich in einem Dach= stübchen bei einer alten Frau einmiethen zu können.

Nun studiert er die Kritik der reinen Vernunft, von welcher er schon so viel gehört und verfertigt einen Kommentar darüber, der Kant's Beifall erhält und legt sich überhaupt mit der größesten Energie auf eine reichhaltige schriftstellerische Thätigkeit. Er verband sich in Folge dessen auch mit K. Ph. Moriz zur Herausgabe des Magazin für Erf.. Seelenkunde.

Noch im Jahre 1793, als der zweite Theil seiner Selbstbiographie von jenem herausgegeben wird, beschließt Maimon deren vorletztes und das letzte erzählte Kapitel also:

„Noch hab' ich nicht den Hafen der Ruhe erreicht, sondern quo nos fata trahunt retrahunt que sequamur." — Diese fata trahunt re= trahunt fata führten ihn endlich in das Haus des Grafen Kalkreuth, bei dem er einen sorgenfreien Zufluchtsort fand und welchem er auch seine 1797 bei Gerh. Fleischer in Leipzig erschienenen „Kritischen Untersuchungen über den menschlichen Geist oder die höhere Erkenntniß und Willensverän= derung" gewidmet hat. Er starb im Jahre 1800 auf dem Gute des edel gesonnenen Mannes, der sich selbst als philosophischer Schriftsteller bekannt gemacht hat.

Ich beschließe diese wesentlich an die Darstellung des Selbstbiographen sich anlehnende Lebensbeschreibung Maimons, indem ich anstatt eines eigenen Schlußwortes folgende Stellen aus dem Vorbericht von K. Ph. Moriz mittheile.

„Diese Lebensbeschreibung — so urtheilt er — bedarf keiner Anprei= sung, ... sie wird für einen jeden anziehend sein, dem es nicht gleichgültig ist, wie die Denkkraft, auch unter den drückendsten Umständen, sich in einem menschlichen Geiste entwickeln kann, und wie der ächte Trieb nach Wissenschaft sich durch Hindernisse nicht abschrecken läßt, die unüber= steiglich scheinen.

Man wird durch die Erzählung des Verfassers selbst in die Gegend und unter die Menschen versetzt, wo der Zufall ihn geboren und die Vernunft seinen Geist zu einer Bildung reifen ließ, die auf diesem Boden keine Nahrung fand, und deswegen unter einem fremden Himmelsstrich suchen mußte, was ihr einmal zum Bedürfniß geworden war.

Und es ist gewiß merkwürdig, wie das geistige Bedürfniß bis zu dem Grade steigen kann, daß Noth und Mangel, und das äußerste Elend, welches der Körper erdulden kann, erträglich wird, wenn nur jenes Bedürfniß nicht unbefriedigt bleibt.

Dergleichen Beispiele aber sind lehrreich und wichtig, nicht nur wegen der besonderen Schicksale eines einzigen Menschen, sondern weil sie die Würde der menschlichen Natur an's Licht stellen und der sich emporarbeitenden Vernunft ein Zutrauen zu ihrer Kraft einflößen."

Maimon's Schriften.

Das Jahrzehend 1790—1800 umfaßt Maimon's für die Geschichte der Philosophie jener Zeit wichtigen Schriften:

Betreffs Studiums der Krititik der reinen Vernunft sagt er:

"Die Art, wie ich dieses Werk studierte, ist ganz sonderbar. Bei der ersten Durchlesung bekam ich von jeder Abtheilung eine dunkle Vorstellung; nachher suchte ich diese durch eigenes Nachdenken deutlich zu machen und also in den Sinn des Verfassers einzudringen, welches das eigentliche ist, was man sich in ein System hineindenken nennt; da ich mir auf eben die Weise schon vorher Spinoza's, Hume's und Leibnizen's System zu eigen gemacht hatte, so war es natürlich, daß ich auf ein Coalitionsverfahren bedacht sein mußte. Dieses fand ich wirklich und setzte es auch in Form von Anmerkungen und Erläuterungen über die Kritik der reinen Vernunft nach und nach auf, so wie dieses System sich bei mir entwickelte, woraus zuletzt meine Transcendentalphilosophie entstand. Maimon's Leben. 2. Aufl. C. XVI. S. 252 ff.

Auf Rath von Marcus Herz wird mit einem Brief des letzteren das Manuscript an Kant gesendet. Die Antwort des letzteren erfolgte nach geraumer Zeit. Wegen seiner vielen Arbeiten habe er das Manuscript nicht genau lesen können und sei schon entschlossen gewesen, dasselbe zurückzusenden, „allein ein Blick, den ich darauf warf, gab mir bald die „Vorzüglichkeit desselben zu erkennen und daß nicht allein niemand von „meinen Gegnern mich und die Hauptfrage so wohl verstanden, sondern „daß auch nur wenige zu dergleichen tiefen Untersuchungen so viel Scharf„sinn besitzen möchten, als Herr Maimon."

Auf Maimon's Anfrage an die Jen. Lit. Ztg., warum die Anzeige des gedruckten Buches so lange auf sich habe warten lassen, wird erwidert: drei der spekulativsten Denker hätten die Anzeige des Werkes als zu schwierig abgelehnt.

1) Dieser Versuch über die Transscendentalphilosphie enthält Maimons kritischen und skeptischen Standpunkt. Commentirend und disputirend folgt er der Kant'schen Kritik nach.

Kant urtheilte über das gedruckte Buch ungünstig und schrieb im März 1794 an Reinhold:

„Was z. B. ein Maimon mit seiner Nachbesserung der kritischen Philosophie (dergleichen die Juden gern versuchen, um sich auf fremde Kosten ein Ansehen von Wichtigkeit zu geben) eigentlich wollte, habe ich nie recht fassen können und muß dessen Zurechtweisung Anderen überlassen."

2) 1791: „philosophisches Wörterbuch oder Beleuchtung der wichtigsten Gegenstände der Philosophie in Alphabet-Ordnung." In vergleichender oder eklektischer Absicht ist es verfaßt.

3) 1793: „über die Progressen der Philosophie." Diese Schrift enthält eine Auseinandersetzung seines skeptischen Standpunkts zum dogmatischen und kritischen.

4) 1793: „Streifereien auf dem Gebiete der Philosophie." Sie betreffen das Verhältniß von Maimon zu Reinhold.

5) 1794:*) „Versuch einer neuen Logik oder Theorie des Denkens nebst angehängten Briefen des Philalethes an Aenesidemus.

6) 1794: „Die Kategorien des Aristoteles" mit Anmerkungen erläutert und als Propädeutik zu einer Theorie des Denkens dargestellt.

7) 1797: „Kritische Untersuchungen über den menschlichen Geist oder das höhere Erkenntniß- und Willensvermögen."

8) Maimon's Aufsätze finden sich für Zeitschriften:
  im Berliner Journal für Aufklärung.
  in der Berliner Monatsschrift.
  in der Deutschen   „
  in dem Berliner Archiv der Zeit.
  im Moriz'schen Magazin für Erfahrungs-Seelenlehre.

---

*) Nicht 98, wie bei Kuno Fischer.

III. Maimon's geschichts-philosophische Bedeutung.

1. Vorbemerkung.

Die nachfolgenden Blätter haben den Zweck, auch von der wissenschaftlichen Bedeutung Maimons dem Leser der vorangehenden Lebensbeschreibung eine wenigstens ungefähre Vorstellung zu geben; auf eine vollständige muß gemäß dem Umfange, den dies Buch nur haben soll, verzichtet werden. Es kann dies um so mehr geschehen, als in den größeren geschichtsphilosophischen Werken sich im Ganzen zuverlässige und klare Darstellungen von Maimons Lehre finden, besonders bei Kuno Fischer,[1]) bei Zeller[2]) und am besten bei Erdmann[3]).

Meine für diese Stelle bestimmte Darlegung von Maimons Leistungen und Forschungen im Gebiete der Philosophie ist deshalb so eingerichtet und dahin begrenzt, daß ich blos den geschichtsphilosophischen Ort und den Standpunkt dieses Denkers angegeben habe und auch dieses beides nur hinsichtlich Einer Richtung, die freilich die wichtigste ist, in welcher er gewirkt hat, nämlich hinsichtlich der erkenntniß-theoretischen.

2. Die Erkenntnißtheorie, ihre Bedeutung und Gestaltung durch Kant als Voraussetzung für Maimon's Lehre.

a. Die Bedeutung der Erkenntnißtheorie und ihre Begründung durch Kant.

Die Erkenntnißtheorie, durch deren Behandlung Maimon sich vorzüglich als ächter Philosoph bewährt hat, war, als er ernstlich zu speculiren begann, eine eben erst entstandene Zweigwissenschaft der Weltweisheit, zugleich aber der wichtigste und grundlegende Theil derselben. Ihr Schöpfer ist Immanuel Kant, zwar nicht in dem Sinne, daß er sie entdeckt hat, sondern vielmehr dadurch, daß er die zu ihr gehörigen, schon sonst behandelten Probleme in einer Tiefe aufgefaßt und durchgearbeitet hat, wodurch sie erst fähig wurden, Inhalt einer nicht nur selbstständigen und in sich abgeschlossenen sondern auch einer Fundamental-Disciplin der philosophischen Wissenschaft zu werden.

Diese wichtige, den Mittelpunkt der heutigen philosophischen Bewegung bildende Wissenschaft, ist trotzdem weder historisch noch sachlich ein voraussetzungsloses Gebiet. Ihre geschichtliche Voraussetzung bilden ja eben die Kant unmittelbar vorausgehenden metaphysischen und psychologischen Untersuchungen über die Entstehung der Nothwendigkeit unserer Erkenntnißurtheile; ihre sachliche Voraussetzung ist die Thatsache einer Vielheit einzelner Wissenschaften, welche aus sich allein heraus außer Stande sind, die Nothwendigkeit zu begreifen, die für ihre Ergebnisse gefordert wird. In beiden Rücksichten war es im Besonderen die im Grundsatze der Causalität behauptete Nothwendigkeit, durch die der Anstoß zur kritischen Forschung gegeben wurde.

Es giebt überhaupt kein voraussetzungsloses Wissen und, wenn ein voraussetzungsloses Verfahren gefordert wird, so kann es nie den Sinn haben, einen absoluten Anfangspunkt zu finden, — ein für uns Menschen unmögliches Ziel, — sondern nur den, daß wir, gerade weil wir der Voraussetzungen, die eine zu erklärende Aufgabe in sich trägt, uns bewußt sind, von allem absehen sollen, was den Kern der zu erkennenden Erscheinung verdeckt. Voraussetzungslos verfahren heißt also, etwas möglichst rein und isolirt betrachten, es nur unter den Voraussetzungen denken, von denen die Vorstellung desselben nicht absehen kann ohne die Erscheinung in ihrer Eigenthümlichkeit als solche und ohne sich selbst als Vorstellung aufzuheben.

Dies ist wichtiger als es erscheint. Hat es doch eine unmittelbare Beziehung zu dem, was uns hier angeht. Denn die Beachtung jenes Sachverhalts war es allein, was Kant sogleich den Nagel auf den Kopf treffen ließ und wodurch er der Columbus wurde, der das Ei, in dem das Räthsel der Gewißheit der Erkenntniß steckte, zum Stehen brachte. Er fragte sich, welches sind die geringsten Voraussetzungen, von denen das Bewußtsein der Gewißheit begleitet ist, und fand, das sei das Bewußtsein selbst, zugleich aber in der Bestimmung, ein Bewußtsein von etwas zu sein, das nicht ein blos Bewußtseiendes ist. Das Bewußtsein ist freilich das allgemeinste und nothwendigste Sein, darum der unmittelbarste Gegenstand kritischer auf unbedingte Gewißheit ausgehenden Erkenntniß. Soweit ist Kant mit Descartes, der kritische Philosoph, mit dem dogmatischen Idealisten einig.

Aber dies Bewußtsein — das hält Kant fest und dies unterscheidet ihn — ist zugleich mein Bewußtsein, es ist nicht rein, sondern an gewisse Schranken gebunden. Zunächst ist es dadurch zugleich Bewußtsein von etwas, das nicht ein blos Bewußtseiendes ist und es ist eine Beziehung auf dieses Etwas. So hat es eine Schranke, die aller seiner Bethätigung vorangeht: Die Thatsache der Möglichkeit einer sinnlichen Affektion überhaupt, den Grund der Erscheinung. Denn keine Erscheinung ist ohne etwas, wovon sie Erscheinung ist, denkbar. Es ist das Kantische „Ding an sich" als etwas, das zum Theil außerhalb des Bewußtseins liegt und dessen Grenze nach Seiten der Erfahrung zu bildet. Letztere nämlich gilt zunächst als Inbegriff der sinnlichen Eindrücke.

Diese Erfahrung mit ihrem reichen Inhalte ist die Voraussetzung der kritischen Philosophie, welche auf die Gewißheit ihrer Erkenntniß geht und bei solcher eben beschriebenen Erhebung über die Erfahrung, die kein Losreißen von dieser ist, zunächst die Möglichkeit einer Affektion überhaupt als erste Voraussetzung aller Gewißheit entdeckt.

Um nun weiter die Natur der Gewißheit festzustellen, untersuchte Kant die Art, wie dieselbe in dem Verfahren des Bewußtseins bei der Bethätigung an dem Inhalte der Fachwissenschaften gewonnen wird und die Kriterien dieser Bethätigung. Diese waren die des Allgemeinen und Nothwendigen und das Mittel, einen Inhalt von solchem Werthe zu erlangen, das der Abstraktion. Indeß dies Mittel wurde in der Bethätigung an der Erfahrung, wie eine Selbstbesinnung zeigte, seinem Ziele nicht gerecht. Es stellen sich nämlich der Abstraktion Schranken von so ursprünglicher Konstanz entgegen, daß deren Ueberschreiten die Abstraktion und Denkthätigkeit selbst aufheben und vernichten würde. Eine derartige Vernichtung ist unstatthaft oder vielmehr unmöglich für eine kritische Betrachtung, die zwar nicht alle Producte des Denkens als Thatsache aber doch dies selbst sogar als die unmittelbarste Thatsache ansieht und deshalb nicht von demjenigen lassen kann, ohne welches diese Thatsache und dadurch alles Sein, das ihr gegenüber nur ein vermitteltes ist, nicht sein und durch dessen Vernachlässigung sie sich aufheben würde.

Vielmehr wie vor aller Bethätigung des individuellen Bewußtseins eine konstante Grenze desselben sich darstellte, so zeigen sich jetzt auch nach Bethätigung desselben dergleichen Schranken und damit im Bewußtsein ursprüngliche Momente, die über dessen Individualität hinausführen.

Es ist eine realistische Seite von Kant's Lehre ein vom individuellen Bewußtsein und von allem Bewußtsein Unabhängiges anzuerkennen; es ist zugleich aber idealistisch, dieses Ursprüngliche für ein wahrhaft Allgemeines nicht sinnliches Etwas anzusehen und überdies auch im Bewußtsein ein dergleichen Ursprüngliches von unbedingter Allgemeinheit und Nothwendigkeit, falls Gewißheit möglich sein soll, zu fordern.

Dadurch steigert sich das Bewußtsein des Menschen selber zu einem nicht blos individuellen Subject, und dies verbürgt die Selbstständigkeit des Geistes gegenüber der zerstreuten Einzelheit und Mannigfaltigkeit der Erfahrung.

Ein absolut Subjectives allein vermag aber auch die Geltung für nicht blos individuelle Auffassung und darum die Objectivität zu verbürgen. Denn eine absolute Subjectivität schließt die Objectivität des Einzelnen, sofern dieses nicht blos solches ist, sondern auch als Moment jener irgendwie in ihr enthalten ist, gerade in sich ein, nicht von sich aus.

b. Grundzüge von Kant's transscendentaler Aesthetik und Logik.

Wer also wie Kant, nach der Möglichkeit der Erkenntniß fragt, der betrachtet, wie ich früher an anderer Stelle*) gezeigt habe, die Erkenntniß zwar als ein Objekt, deshalb aber doch nicht wie ein Ding oder wenigstens nicht als ein Ding wie andere endliche Dinge.

Nun ist aber die Erkenntniß etwas, von dem bei einer in solcher Weise angestellten Selbstbesinnung das Bewußtsein nicht loskommt. Und doch besteht das Bedürfniß, daß die Erkenntniß in ihrer Gewißheit erklärt werde. Dies ist nur möglich, falls sie ein Produkt von Faktoren ist, deren Einer wenigstens für etwas Ursprüngliches, allem Thatsächlichen nicht in zeitlicher, sondern in unbedingter Weise Voranstehendes gelten muß.

Dies behauptete Kant und versuchte es zu beweisen. Zunächst durch eine in psychologischer Analyse bestehende Zurückführung des Bestandes der Erkenntniß auf seine einfachsten Elemente und sodann durch eine an dem Leitsterne unbedingter Allgemeinheit und Nothwendigkeit einhergehende, d. h. durch eine an der Grenze der Abstraktion, die dieses Ziel nicht erreicht, erwachten Selbstbesinnung, die das Ursprüngliche heraushob, was sich in jenen Elementen offenbarte; endlich durch den Nachweis, daß nur durch dies letztere Moment die Gewißheit in den besonderen Erkenntnissen gewonnen wird. Wie konnte dies aber, da alle Erkenntniß zugleich und zunächst etwas Thatsächliches ist, wohl anders geschehen als durch Analyse der individuellen Erscheinungsweise der Erkenntniß in der Erfahrung? Aber der bei solcher Analyse gewonnene psychologische und physiologische Thatbestand durfte nur als das Material gelten, auf das angewendet, die Frage nach dem Ursprünglichen erst ihren präcisen Sinn erhielt.

Darum ging Kant wohl von der Erfahrung aus und analysirte sie, aber er blieb nicht bei ihr stehen.

---

*) Siehe meine „Vorstudien zur Erkenntniß des unerfahrbaren Seins". Bonn 187⅞, bei Max Cohen & Sohn. Heft I, S. 38 und S. 85 fg.

Dabei zeigte sich, daß dieselbe zusammengesetzt sei aus zwei Faktoren der Erkenntniß, der Funktion der Sinnlichkeit und der des Verstandes. In beiden entdeckte er sich gleich bleibende Momente in dem Sinne, daß sie nicht blos etwas sind, was verschiedene Erfahrungen und unter verschiedenen Verhältnissen als ein Unveränderliches überdauert, sondern etwas, was früher als alle Erfahrung überhaupt ist. Solche konstante Momente waren in der Sinnlichkeit Raum und Zeit. Denn

1) sind sie nicht von der Erfahrung geborgt, da man überhaupt nie ohne sie eine Erfahrung machen kann, sie vielmehr zu jeder schon nöthig sind;
2) sind sie nothwendige Vorstellungen und zwar im strengsten Sinne. Können wir doch alle Gegenstände aus Raum und Zeit wegdenken, letztere aber nicht oder wir vollzögen eine Abstraktion, die sich als solche auch als Denkakt zerstört und selbst entleibt, nicht eine solche, deren Produkt nur ein nicht Wirkliches ist, aber doch, sofern jener Denkakt nur als solcher real bleibt, Abbild eines Wirklichen sein kann.
3) sind sie keine aus vielen Vorstellungen abgezogenen Begriffe. Die Bestandtheile, aus denen sie zusammengesetzt erscheinen könnten, sind vielmehr Theilungen, Einschränkungen der Einheit.
4) sind sie Vorstellungen einer unendlichen Größe.

Wie Kant in der Ordnung der Sinnlichkeit ein absolut Konstantes sah und mit dem ihm eigenen genialen Scharfblick als die Ursachen solcher Konstanz Raum und Zeit erfaßte, so geschah das Gleiche hinsichtlich des Verstandes. Wenn die Sinne unmittelbar auf Gegenstände gehen und sie anschaulich vorstellen, so verknüpft der Verstand sie denkend und es entspringen Begriffe. So ist er Grund der Einheit des Mannigfaltigen. Mindestens zwei Vorstellungen verbindet er im Urtheile. Etwas als ein Merkmal mit einem Dinge vergleichen heißt urtheilen.

Auch in dieser Funktion der Einheit des Bewußtseins erblickte Kant ein Konstantes. Es mußte ein solches geben, falls zufällige Wahrnehmungsurtheile zu nothwendigen Erfahrungsurtheilen werden sollten. Es war eine eigenthümliche Einsicht, welche die wahre Bedeutung der Kategorien uns in deren Uebereinkommen mit der verschiedenen Art und Weise, wie durch das Konstante das Mannigfaltige auf eine Einheit des Bewußtseins bezogen wird, erkennen ließ. Aber eben darum ist das Konstante in der Einheitsfunktion der ursprüngliche Grund, wegen dessen die blos formale Beziehung in den logischen Urtheilen überhaupt eine reale Bedeutung hat, daher für eine Abstraktion, die ein formales Abbild des Seienden ist, gelten kann, und nicht ein bloßes Phantasiebild ist.

Mit den reinen Formen der Sinnlichkeit und des Verstandes ist indeß der Bestand des Ursprünglichen noch nicht vollständig dargelegt. Diese Darlegung eines Ursprünglichen kann man als die ideale Seite der Kantischen Philosophie ansehen, weil sie auf ein rein geistiges, allem Sinnlichen vorangehendes Wirkliche ausgeht. — Ich sagte, der Bestand des letzteren hinsichtlich der Erkenntniß sei mit Raum, Zeit und Kategorien noch nicht erschöpft. Denn wenn Sinnlichkeit und Verstand, auch isolirt betrachtet, wie bisher geschehen, konstante der Erfahrung vorangehende Bedingungen enthielten, so beweist dies nur, daß der Geist, der jene Funktionen ausübt, dergleichen ursprüngliche Wesenheiten besitzt, nicht daß dieselben für die Erkenntnisse, für die wissenschaftlichen Wahrheiten über die Mannigfaltigkeit der Erscheinungen, — für jene Wahrheiten, die aus Urtheilen bestehen, in denen beide Funktionen zusammen wirken müssen — irgend welche nothwendige Bedeutung haben; ja, worauf es zunächst ankommt, es ist nicht 'mal klar, wie sie solche auch nur haben können. Mit einem Worte: Es bedarf eines Bindegliedes zwischen den reinen konstanten Formen der Sinnlichkeit und des Verstandes, deren Ursprünglichkeit nicht in ihrer für die thatsächliche Erkenntniß gleichgültigen Absonderung von den anderen Funktionen, sondern vielmehr selbst in ihrer zu solcher Erkenntniß erforderlichen Verknüpfung auch nur der Möglichkeit nach eingesehen werden soll.

Dieses Bindeglied ist nun die Zeitform. Denn diese ist allgemeiner als die des Raumes. Dieser ist reine Anschauungsform nur für alle äußeren Gegenstände, für alles, was als ein Ausgedehntes erscheint und als Nebeneinander uns sinnlich berührt. Die Zeit hingegen ist eine Form für alles, was überhaupt den Sinn rührt; die Ordnung, welche durch sie gewonnen wird, beherrscht alles Sinnliche. In Sonderheit aber ist sie Form des inneren Sinnes und für dasjenige, was mit keinem räumlich ausgedehnten oder materiellen Organe und dennoch unterschiedlich erfaßt wird, wie z. B. alle rein seelischen Erscheinungen: Gedanken, Gefühle, Empfindungen, Strebungen, deren Aeußerung für andere freilich auch des Raumes bedarf, was nicht von deren Auffassung im eigenen Bewußtsein gilt. In der Empfindung des Süßen steckt nichts vom „Nebeneinander," im Schmecken desselben freilich. Dies ist ja physisch oder doch zugleich physisch und materiell bedingt. Es giebt also solche einzelne Erfahrungen, die nur zeitlich aufgefaßt werden können, es giebt jedoch keine, die blos räumlich erfaßbar wären. Alle, auch die räumlich geordneten, müssen, um bewußt zu werden, stets auch zugleich in die Form des inneren Sinnes, in die Zeitform eingegangen sein. So ist diese gleichartig mit allen Erscheinungen, indem jede empirische Vorstellung in ihr enthalten ist, und gleichartig mit den Kategorien, als allgemein und a priori, und dadurch geeignet, ein Bindeglied zwischen beiden zu werden.

Man denke also die Kategorien in Rüsicht auf die Zeitform, rein in dieser angeschaut und durch sie eingeschränkt, so erhält man neue Einheitsformen a priori, die im Stande sein werden, das thatsächliche Zusammenwirken von Verstand und Sinnlichkeit in der Bethätigung am Erfahrungsinhalte hinsichtlich seiner Möglichkeit a priori zu erklären und zu bestimmen.

Es ist der Inhalt dieser Einheitsfunktion, den die Grundsätze des reinen Verstandes bei Kant aussprechen. Sie sind die obersten synthetischen Erkenntnißurtheile a priori, die aller Erfahrung zum Grunde liegen.

Sie erklären die wahre Gewißheit derselben nach dem Princip, daß solche nur dann für uns erreichbar ist, wenn unser Geist es ist, den, als einen nothwendig und streng allgemein erkennenden, dieselben ursprünglichen Bedingungen leiten, welche das innere Band des mannigfachen Erfahrungsinhaltes sind.

Ein solcher Grundsatz ist nun auch der der Kausalität. Er drückt eine Art der durch die Zeitvorstellung vermittelten und realisirten ursprünglichen Beziehung der Einheitsfunktion auf den in **Raum und Zeit zugleich** gegebenen sinnlichen Erfahrungsinhalt aus, den er also als **eine** der ursprünglichsten Synthesen allgemeingültig und nothwendig bestimmt. Derselbe lautet nach Kant so:

„Alle Veränderungen geschehen nach dem Gesetze der Verknüpfung von Ursache und Wirkung." Von ersterer sagt Kant, daß sie „die letztere in der Zeit als Folge und nicht als etwas, was blos in der Einbildung vorgehen . . . . könnte, bestimme."

Es ist diese Erkenntnißtheorie, an die Maimon anknüpft und gegen die er sich zum Theil wendet, wie es nun kurz angedeutet werden soll.

3. Maimon's pilosophischer Standpunkt.

A. im Allgemeinen.

a. Rücksichtlich des Verhältnisses zur Richtung Fichte=Hegel=Schelling.

Was nämlich die nur nach Kenntnißnahme der hier vorgetragenen Grundzüge von Kant's Lehre verständliche geschichts=philosophische Bedeutung

Maimon's betrifft, so ist er, um es kurz zu sagen, der Urheber jener philosophischen Richtung, in der ein Fichte, Hegel und Schelling übereinkommen; er ist der Urheber jenes spekulativen monistischen Idealismus, welcher in der ersten Hälfte unseres Jahrhunderts nicht nur in der Philosophie sondern in der gesammten Wissenschaft und selbst im Leben eine Herrschaft ausgeübt hat, deren Folgen noch immer sehr wahrnehmbar sind. Auch viele der wichtigsten akademischen Lehrstühle Preußens und Deutschlands sind noch immer mit Vertretern dieser Richtung besetzt oder doch mit solchen Männern, die aus derselben hervorgegangen und ihre eigenen Lehren nur als Modificationen jener betrachtet wissen wollen. Das gilt von Rosenkranz in Königsberg, zum Theil von Zeller und Harms, gänzlich von Michelet und Werder in Berlin, es gilt durchaus von Erdmann in Halle und von Kuno Fischer zu Heidelberg.

Sie alle huldigen einer Ansicht, in Folge deren ihre Forschung auf ein Ziel gerichtet ist, welches der letztgenannte mal so ausdrückt: „Erklärung der Empfindung aus dem Grunde des Bewußtseins."

Eine solche Aufgabe war wegen der oben bestimmten realistischen Seite seiner Lehre für Kant unmöglich. Die Empfindung setzte einen transcendentalen Grund voraus, der zwar etwas Ursprüngliches und konstant Allgemeines und Nothwendiges war, an dem aber kein Bewußtsein rühren konnte und das zum Theil auch außerhalb des ursprünglichen menschlichen Bewußtseins lag, so sehr dies letztere auch hinsichtlich dieser a priorischen Seite ihm verwandt sein mochte.

b Zu Reinholds Elementarphilosophie und zu „Aenesidemus."

Maimon jedoch ist es, der zu einem Standpunkte, von dem aus jenes von Kuno Fischer gut formulirte Problem sich darbot, den ersten nachhaltigen Anlaß gegeben hat. Denn was für Schritte K. L. Reinhold und Gottl. E. Schulz, letzterer in dem im Jahre 1792 erschienenen und gegen ersteren gerichteten „Aenesidemus" gethan hatten, so waren dieselben durchaus nicht von der Art, daß sie für sich allein zu jenem Standpunkte hätten führen müssen. Indessen von Maimon's an Kant geübter Kritik läßt sich das wohl behaupten.

α. Reinhold's Absicht.

Des „Aenesidemus'" Skepticismus und Reinholds Elementarphilosophie sind in der That Rückschritte im Verhältniß zu Kant.

Reinhold versuchte zwar eine auf die Einheit des Princips gerichtete Fortbildung der Kantischen Lehre, bewerkstelligte sie aber so unglücklich, daß er dabei in die bloß empirisch=psychologische Behandlungsweise der Erkenntnißtheorie zurückfiel.

Weil alle Grundvermögen in der theoretischen Richtung des Bewußtseins bei Kant darin übereinkommen, Vermögen der Vorstellungen zu sein, so sollten auf die „Vorstellung" alle zurückgeführt werden. Das heißt aber auf eine Aeußerung von Grundkräften diese selbst zurückführen oder die Sache auf den Kopf stellen.

Ueberdies ist eine Vorstellung etwas blos Thatsächliches, Einzelnes, Individuelles. Ein solches zum obersten Princip der Erkenntniß und seiner Gewißheit zu machen, vermochte nur der, welcher den kritischen Standpunkt gar nicht begriffen oder nur oberflächlich aufgefaßt hatte. Das ist der Sachverhalt, der nach unserer obigen Skizzirung desselben nicht mehr zweifelhaft sein darf. Das ist zugleich der Irrthum Reinholds.

β. Des Aenesidemus Einwände gegen Kant.

„Aenesidemus" wiederum suchte nachzuweisen, daß nolens volens bei Kant eine Wirkung desjenigen vorausgesetzt werde, was ja nach ihm außerhalb des Bereichs aller nothwendigen Wirkung liegen sollte, nämlich des Dinges an sich.

Auch Aenesidemus irrt, da letzteres nach Kant nur außerhalb des Bereichs aller erkennbaren nothwendigen Wirkung und auch nur zum Theil außerhalb dieses Bereichs liegt.

Weil Aenesidemus diesen Unterschied nicht begriff — und wenn derselbe nicht vorläge, so hätte er mit der Folgerung Recht gehabt — gerieth Kant's Lehre für ihn mit sich selber in Widerspruch. Bringe sie doch, da sie die Affektion jener Dinge an sich zur Gewißheit erfordern, diese nur zu Stande durch etwas, dessen Hülfe sie, die sich auf Erscheinungen beschränken wolle, ablehnen müsse. Falle diese Hülfe weg und bleibe doch das Ding an sich bestehn — und das muß es freilich als Seinsgrund, wenn auch als unbegriffener, — so gäbe es einen Riß in dem Bande der Gewißheit, die also gar nicht vorhanden sei.

Deßhalb wird „Aenesidemus" zum „Skeptiker" und kehrt damit ebenfalls zu einer alten schon oftmals vor Kant dagewesenen und ebenso oft widerlegten Anschauung zurück.

c. **Maimon's Einwände im Allgemeinen und die Beweise
derselben.**

α. **Maimon's Verwerfung der Affektion von Dingen an sich außerhalb
des Bewußtseins.**

Maimons Gründe gegen Kant sind, genau betrachtet, so wenig stich=
haltig wie die des Aenesidemus=Schulz, was ich sogleich wenigstens in
den Hauptpunkten andeutend darthun werde; daß es aber mindestens ein
scheinbarer Fortschritt gegen Kant war, obgleich auch ein einseitiger, wenn
des letzteren „Dinge an sich" von Maimon gänzlich aufgehoben wurden
oder doch als Voraussetzungen des nothwendigen Bewußtseins, das sieht
jeder leicht ein. Maimon beseitigte jene Dinge zum Theil aus denselben
Gründen, weßhalb Schulz blos ihre Affektion bestritt. Schon früher als
dieser hatte indeß jener seine Bedenken geltend gemacht, er hatte sie nämlich
volle zwei Jahre eher ausgesprochen in seinem an Kant gesandten Kom=
mentar zur Kritik der reinen Vernunft, in Folge dessen dieser unter dem
26. Mai 1789 an unseren Philosophen eine Antwort richtete.

β. **Vertheidigung der Kantischen Lehre.**

Ich sage: Maimon hat wie Aenesidemus Unrecht in Annahme eines
Widerspruchs, der zwischen der Affektion von Dingen an sich und der
Tragweite des Kausalgesetzes liegen oder der Kategorie der Wechselwirkung.

Erstlich hat Kant nämlich nirgend behauptet, daß jede Wirkung Kausal=
oder Wechselwirkung sei, also braucht das auch nicht von der Affektion zu
gelten. Nur als nothwendig erkennbare d. h. als solche Wirkungen, die
einen sinnlichen Inhalt vermöge eines im Bewußtsein enthaltenen A priori
oder Ursprünglichen bestimmten, sind sie jenen Gesetzen unterworfen.

Zweitens braucht eben deßhalb nach Kant eine andere als nach dem
Kausalgesetz oder dem der Wechselwirkung stattfindende Wirkung noch nicht
außerhalb des nothwendigen Bewußtseins zu liegen, sondern nur außerhalb
des einen gegebenen Inhalt, sofern er letzteres ist, nothwendig bestim=
menden und erkennenden Bewußtseins.

Drittens: Kant redet auch nie schlechthin von einer Kausalität
oder Wechselwirkung der Dinge an sich und würde, wenn er das ohne
Weiteres thäte, sich freilich widersprechen. Er redet nur von Affektion
durch dieselben und das thut er auch, wo diese, wie in der Stelle der
Anmerkung am Ende des §. 24 der Kritik der reinen Vernunft, nur den
inneren Sinn betrifft. Nun aber setzen die Grundsätze des reinen Ver=
standes eine Beziehung auf einen in beiden Sinnen sich darstellenden
Inhalt voraus, d. i. eine solche, die auf das sowohl im Raume als auch

in der Zeit zugleich erscheinende Mannigfaltige geht, nicht etwa eine, die auf einen blos in der Zeit gegebenen Gegenstand sich richtet. Ein solcher ist zwar nach Kant möglich, aber nicht nach Grundsätzen erkennbar, während eine blos räumliche Affektion ihm überhaupt für uns als unmöglich gilt. — Wenn daher Kant von einer Affektion, als einer Wirkung blos auf den inneren Sinn spricht, so kann sie nicht Kausal- oder Wechselwirkung sein, weil blos auf jenen der letzteren allgemeines Gesetz, nach welchem allein sie stattfinden können, nicht anwendbar ist.

Endlich giebt es hier noch eine wohl zu beachtende Möglichkeit. Man kann nämlich in der That sogar von einer Kausal- oder Wechselwirkung der Dinge an sich reden, aber auch nur dann, wenn man dieselben in dieser ihrer Beschaffenheit als nur Eine Seite ebendesselben ansieht, was auf der anderen das unserer nothwendigen Erkenntniß sich darbietende Gepräge der Erscheinungen trägt. Diese von mir bereits früher*) geltend gemachte Auffassung scheint mir auch heute noch berechtigt. Ich führe nur eine Stelle als Beleg dafür aus Kant selber an: Derselbe sagt in der Kritik des 2. Paralogismus der reinen Vernunft (S. 667 im 2. Bd. der 1. Hartensteinschen Ausgabe der Werke):

„Ob nun aber gleich die Ausdehnung, die Undurchdringlichkeit, Zusammenhang und Bewegung, kurz alles, was uns äußere Sinne nur liefern können, nicht Gedanken, Gefühl, Neigung oder Entschluß sein oder solche enthalten werden, als die überall keine Gegenstände äußerer Anschauung sind, so könnte doch wohl dasjenige Etwas, welches den äußeren Erscheinungen zum Grunde liegt, was unsern Sinn so afficirt, daß er die Vorstellungen von Raum, Materie, Gestalt u. s. w. bekommt, dieses etwas als Noumenon (oder besser als transcendentaler Gegenstand betrachtet,) könnte doch auch zugleich das Subjekt der Gedanken sein."

Diesen Sachverhalt durchschaute Maimon nicht, ebensowenig Aenesidemus, ebensowenig F. H. Jacobi, und in unseren Tagen hat das Mißverständniß darüber die Auffassungen Trendelenburg's, Ueberweg's, Liebmann's in seinem „Kant und die Epigonen," es hat die Hermann Cohen's und A. Stadler's sowohl in seiner Schrift Kant's Teleologie als auch in den „Grundsätzen der reinen Erkenntnißtheorie" getrübt. Schwierig ist es freilich, in diesem Punkte Kant's wahre Meinung in allen Fällen als die gleiche heraus zu finden, wo er auf denselben zu sprechen kommt. Dennoch ist er sich zweifellos consequent geblieben. Alle jene, die das nicht einsehen, haben die Stellen doch nicht sorgfältig genug verglichen.

---

*) Siehe meine „Beiträge zum Verständniß Kant's". Berlin 1874 bei H. R. Mecklenburg. S. 54.

Sie irren sämmtlich wie Maimon. Denn dieser, um nun auf seine Lehre zurück zu kommen, blieb also dabei, daß Kant die Dinge an sich und als solche dem Causalgesetz unterliegen lasse und sah darin eine, unter Richtigkeit dieser Voraussetzung, allerdings zuzugestehende Inconsequenz. Und er ging nun freilich weiter als Aenesidemus, indem er nicht bloß die Wirkung derselben, sondern sie selber gänzlich aufhob, jedoch nur sofern, als sie etwas, das irgendwie außerhalb des Bewußtseins wäre, sein sollten. Denn ein solches sind sie nach Kant rücksichtlich ihres eigenthümlichen Inhalts als Dinge an sich durchaus, und gehen darum nur in das nothwendige Bewußtsein überhaupt als Voraussetzung ein, nicht in das einen Inhalt nothwendig erkennende Bewußtsein.

B. Maimon's Erkenntnißtheorie im Besonderen.
a. Charakter derselben.

Auf Maimon jedoch hatte die Lehre Kants von der Macht und Selbstständigkeit des Urbewußtseins oder des nicht individuellen ursprünglichen Bewußtseins — in Kant's Sprache des a priori Subjektiven in uns — solche Gewalt ausgeübt, daß ihm für ein Ursprüngliches außerhalb des menschlichen Bewußtseins kein Platz blieb. Er sah nicht ein, was dem vorsichtigen Kant sehr wohl einleuchtete, daß alle ächte Wahrheit zwar ein Geistiges von unbedingter Allgemeinheit und Nothwendigkeit sein müsse, daß aber diese Wahrheit nur zum Theil in uns, nur sofern sie bleibende Bedingung und Grundlage der für das menschliche Bewußtsein innerhalb derselben gegebenen veränderlichen und vergänglichen Erscheinungen ist, enthalten zu sein brauche; daß es sehr wohl außerhalb des menschlichen Bewußtseins noch eine Wahrheit geben könne; ja daß sie nur dort voll und ganz als uneingeschränkter Inhalt sich entfalten werde, während sie in uns (im theoretischen Bewußtsein wenigstens) nur als Form eines vergänglichen Inhalts, durch den sie sich selbst bedinge und begränze kundthue. Gerade darin besteht die Großartigkeit der Kantischen Ansicht, daß die ganze Fülle des in dem Rahmen ursprünglicher Bedingungen als gewiß aufgefaßten Erfahrungs-Inhalts doch nur eine Erscheinung ist des Ewigen, nur eine Insel im nicht blos räumlich und zeitlich sondern absolut unbegrenzten Meere der Wahrheit.

Für Maimon erschien alle Wahrheit nur im menschlichen Bewußtsein enthalten sein zu können. Er war der erste, der den Menschen zum Gott machte, während wir nach Kant nur eine Erscheinung und ein Geschöpf Gottes sind, das die Spuren seines edlen Ursprungs in sich trägt und ihrer vor allem im Ernste und in der Gewißheit der wissenschaftlichen Forschung und ächten Erkenntniß inne werden soll und muß.

b. Skizzirung des Inhalts.

α. Beseitigung des Dinges an sich. Verlegung der Affektion in's Bewußt=
sein und scheinbare Steigerung des Idealismus.

Maimon duldete aber keine Wahrheit außerhalb des Bewußtseins, es gab nach ihm für dies gar nichts mehr außerhalb desselben oder nur Nichtiges. Und wenn nach Kant eben Momente des Bewußtseins es sind, welche die Gewißheit der inhaltlichen Erkenntniß der Erfahrung verbürgen, so hatte Maimon den Schatz dieser Momente offenbar bereichert. So konnte es scheinen, wenigstens zunächst und demjenigen, der vergaß, daß die Momente des ursprünglichen Bewußtseins nicht allein sondern nur in Beziehung auf die Empfindung überhaupt jene obersten synthetischen Urtheile, die Grund aller ersten Erfahrungsgewißheit sind, möglich mach=
ten. Wer das übersah, für den hatte durch Aufhebung jeglichen Inhalts außer dem Bewußtsein sich dies und das Ideale freilich durch Maimon erweitert. Behielt er doch auch die Affektion, die Kants Dinge an sich ausübten, bei. Aber er verlegte sie gänzlich in das Bewußtsein. Diese Affektion oder Sinnlichkeit ist bei ihm das Vermögen, gegebene d. h. solche Erkenntnisse, deren Entstehung uns unbekannt ist, zu haben.*) — Gehen dieselben anderen begründend voraus, so sind sie a priori; sonst a posteriori. In jedem Falle aber sind sie etwas blos Vorgefundenes im Bewußtsein. Daher sind sie etwas, was in des letzteren nach Erkennt=
niß hungrigem Magen eine unverdaute Speise bleibt: Etwas, was als Vorgefundenes der Verstand, das freithätige spontane Bewußtsein nie überwindet.

Auf solche Weise bleibt auch hier bei Maimon immer noch etwas unerklärt; aber es ist doch dies Unerklärte wenigstens ein Moment des Bewußtseins selber. Dies ist von allem ihm Fremdartigen befreit.

So nämlich muß in Maimon's Sinne offenbar der Vorzug seiner Lehre vor Kant und der Trost, den er für den Mangel derselben findet, ausgedrückt werden. Indeß bei jedem anderen außer Maimon dürfte dieser Vorzug und Trost kaum etwas verfangen. Der Feind im eigenen Hause ist immer unheimlicher und unerklärlicher als der draußen: eine Welt, die nur Bewußtsein ist und sich doch nicht kennt, unverständlicher

---

*) Der Begriff einer solchen sich wesentlich unbekannten Erkenntniß, d. i. einer Erkenntniß, die sich selbst nicht mal erkennt, ist an sich ganz ungeheuerlich und fast sich widersprechend. — Vom Standpunkte Maimon's dürfte derselbe in dem dargelegten Zusammenhange freilich konsequent und verständlich sein; andrerseits ist aber auch gewiß ~~d~~eutlich, daß gerade in diesem Unbegriff sein Irrthum gegenüber Kant klar zu Tage tritt.

als eine, deren Sein nicht im Bewußtsein, wenigstens nicht im menschlichen aufgeht und eben deshalb diesem zum Theil unbekannt bleibt.

β. Einschränkung der Gewißheit auf Mathematik; Zweifel an deren Erfahrung. (Empirischer Skepticismus).

Daher erkennt das von allem Fremdartigen befreite Bewußtsein trotz alledem durch Zusammenwirken von Verstand und Sinnlichkeit nur alles Apriorische, also das, was der Verstand, wenn er auf Raum und Zeit bezogen wird, über die von letzteren unmittelbar abhängigen und in ihnen gegründeten Bestimmungen des Bewußtseins weiß. Nichts erkennt derselbe von dem a posteriori Gegebenen nothwendig. Nur Mathematik — denn sie allein enthält die von Raum und Zeit unmittelbar beherrschten Bestimmtheiten — ist nothwendige Erkenntniß; die Gewißheit der Erfahrung wird bezweifelt. —

Aenesidemus zweifelte, weil ihm das kantische Band der Gewißheit zerriß, das nicht blos die ursprünglichen Bewußtseinsformen sondern auch die Affektion herstellen sollte, aber nicht konnte, — er zweifelte an der Zulänglichkeit jener zur Erkenntniß, an der Gewißheit, die auf Bewußtseinsmomenten beruhte, und war rationeller Skeptiker. Maimon zweifelt an der Gewißheit der Erfahrung und ist empirischer Skeptiker.

Da er das Wesen der Affektion und den wahren Sinn des allerdings etwas bedenklichen Ausdrucks eines Dinges an sich, wonach es ein zum Theil von Bethätigung des Individual-Bewußtseins unabhängiges und außer allem Bewußtsein liegendes Apriori ist, nicht begreift, so ist es ihm unverständlich, wie die Grundsätze des reinen Verstandes bis zu ihm reichen sollen. Bei seiner Voraussetzung hat er Recht, aber dieselbe war falsch und deshalb ist seine Folgerung hinfällig.

Ausführlich habe ich hervorgehoben, daß es nach Maimon nichts Fremdartiges für das Bewußtsein mehr geben sollte. Um so leichter dünkte es den Nachfolgern desselben, zumal einem Fichte, alles aus dem Bewußtsein zu erklären. Und in der That erschien ja auch uns ein Unerklärtes im Bewußtsein höchst wundersam und widersprechend. Das mußte antreiben, ein Mittel zu suchen, solchen Feind der Erkenntniß los zu werden. Man durfte nur nicht, wie Maimon, blos im Theoretischen Kants Idealismus steigern und allen Wahrheitsinhalt in's menschliche Bewußtsein verlegen. Auch alle Kraft einer Bethätigung desselben mußte diesem zukommen. Maimon forderte für den Menschen den göttlichen Verstand, der alle Wahrheit in sich faßt, Fichte gesellte ihm den göttlichen Willen zu, der sie erzeugte. Auch darin erschien er sich als Fortbildung

Kant's, der ja der praktischen Vernunft des Menschen die absolute Freiheit vindicirt hatte. Fichte übersah, daß als handelndes Wesen nach Kant der Mensch selbst ein Ding an sich war und dort seine Freiheit auf einem Gebiete besaß, welches mit der Nothwendigkeit der Erscheinung und ebenso wenig mit der seiner Erkenntniß und deren ursprünglichen Schranken collidieren konnte.

c. Besonderes Verhältniß von Maimon zu Fichte.

Hatte nach Kant und Maimon die Erkenntniß des Menschen nur eine bestimmende Kraft über die Dinge, so durfte sie sich für Fichte damit nicht begnügen; sie mußte eine selbst erzeugende und schöpferische sein, wie der Wille. — Eine solche nicht blos bestimmende Erkenntniß durfte auch nicht mit einer formalen, blos unter Voraussetzung des Daseins gültigen Abstraktion und der gewöhnlichen Logik zufrieden sein, noch mit einer bloßen Ergänzung derselben auf Grund formaler apriorischer Synthesen; sie brauchte ein eigenes neues Rüstzeug, das seinen Inhalt selbst schaffende und in Satz, Gegensatz sowie in Vereinigung beider sich fort bewegende dialektische Denken.

Das freithätige Subjekt desselben mußte doch wohl das blos gegebene, falls man genau zusah, ja sicherlich nur durch es selbst gegebene Objekt erzeugen können. — —

d. Maimon's geschichtsphilosophische Stellung zwischen dem Kriticismus und der Identitätsphilosophie.

Es ist verhängnißvoll, daß diese Fichte'sche Lehre und die ähnlichen der Identitätsphilosophen nur eine Konsequenz des von Maimon ausgehenden Mißverständnisses Kant's sind. Ihre Kritik ist im Grunde in der Aufdeckung dieses Irrthums enthalten; aus eben gegebenem Nachweise der Abhängigkeit des absoluten Idealismus der Identitätsphilosophen von Maimon geht aber auch dessen geschichtsphilosophische Bedeutung zweifellos hervor. Ohne ihn wäre kein Fichte, Hegel und Schelling möglich gewesen und der erste wußte sehr wohl, welch' scharfsinnigen Vorgänger er an Maimon hatte. — Leider war Fichte der erste jener kühnen Springer, die auch noch über den Einen Bock hinwegsetzten, vor dem Maimon's kaum minder energische, aber in diesem Falle sich mehr zügelnde und besonnenere Kraft erlahmt war.

Zusätze.

I. Maimon's Ansicht über die Kabbala.
14. Kap. der Selbstbiographie S. 126—29. S. 138.

1. Seine litterarische Nachricht darüber.

„Kabbala — um von dieser göttlichen Wissenschaft etwas ausführlicher zu reden — im weitern Sinne heißt Ueberlieferung und begreift nicht nur die geheimen Wissenschaften, welche nicht öffentlich gelehrt werden dürfen, sondern auch die Methode aus den in der heiligen Schrift vorkommenden Gesetzen neue Gesetze herzuleiten, wie auch einige Fundamentalgesetze, die dem Moses auf dem Berg Sinai mündlich überliefert sein sollen. Im engern Sinn aber heißt Kabbala blos die Ueberlieferung geheimer Wissenschaften. Diese wird in theoretische und praktische Kabbala eingetheilt. Jene begreift in sich die Lehre von Gott, seinen Eigenschaften, die durch seine mannigfaltigen Namen ausgedrückt werden, die Entstehung der Welt durch seine stufenweise Einschränkung seiner unendlichen Vollkommenheit, und das Verhältniß aller Dinge zu seinem höchsten Wesen. Diese ist die Lehre, durch die mannigfaltigen Namen Gottes, die besondere Wirkungen und Beziehungsarten auf die Gegenstände der Natur vorstellen, auf sie zu wirken. Die heiligen Namen werden, nicht als blos willkürliche, sondern als natürliche Zeichen betrachtet, so daß alles, was mit diesen Zeichen vorgenommen wird, auf die Gegenstände selbst, die sie vorstellen, Einfluß haben muß.

Ursprünglich war die Kabbala vermuthlich nichts anders als Psychologie, Physik, Moral, Politik u. dgl. durch Symbole und Hieroglyphen in Fabeln und Allegorien vorgestellt, deren geheimen Sinn man nur denen entdeckte, die dazu tüchtig waren. Nach und nach ging, vielleicht durch manche Revolutionen, dieser geheime Sinn verloren, die Zeichen wurden statt der bezeichneten Sache selbst genommen. Da man aber leicht merkte, daß diese Zeichen doch etwas bedeuten müßten, so überließ man es der Einbildungskraft, diesen geheimen Sinn, der längst verloren gegangen war, auf's neue zu erdichten. Die enferntesten Analogien zwischen Zeichen und Sachen wurden ergriffen, bis endlich die Kabbala in eine Kunst mit Vernunft zu rasen oder in eine auf Grillen beruhende systematische Wissenschaft ausartete. Das vielversprechende ihres Zwecks: auf die ganze Natur nach Belieben zu wirken, der hohe Schwung und die Feierlichkeit, womit sie sich ankündigte, hat, wie natürlich auf schwärmerische, durch Wissenschaften und vorzüglich durch eine gründliche Philosophie unerleuchtete Gemüther eine außerordentliche Wirkung.

Das Hauptwerk, um daraus die Kabbala zu studiren, ist der Sohar der in einem sehr erhabenen Stil in syrischer Sprache geschrieben ist. Alle andere kabbalistische Schriften sind blos als Kommentare oder Auszüge desselben zu betrachten.

Es giebt zwei Hauptsysteme der Kabbala, nämlich das System des Rabbi Moses Kordawera und das System des Rabbi Isaak Loria. Jener ist mehr reell, d. i. er nähert sich mehr der Vernunft als dieser. Dieser hingegen ist mehr formell d. h. vollständiger in dem Bau seines Systems als jener. Die neueren Kabbalisten ziehen diesen jenem vor, weil sie nur das für ächte Kabbala halten, worin kein vernünftiger Sinn ist. Das Hauptwerk des Rabbi Moses Kordowera ist das Pardes (Paradies). Von Rabbi Isaak Loria hat man nur einige unzusammenhängende Schriften. Sein Schüler aber Rabbi Chaim Witail hat ein großes Werk unter dem Titel: Ez Chaim (der Baum des Lebens), worin das ganze System seines Lehrers enthalten ist, geschrieben. Dieses Buch wird von den Juden für so heilig gehalten, daß sie nicht erlauben, es dem Druck zu übergeben. Natürlich fand ich mehr Geschmack an der Kabbala des Rabbi Moses als an des Rabbi Isaak, durfte aber meine Meinung hierüber nicht äußern." —

In das Wesen der theoretischen Kabbala will Maimon schon als Knabe sich mit Glück hineingedacht haben. Mit der praktischen, welche die Lehre enthalten sollte, durch die Namen Gottes auf die Natur zu wirken, hatte er jedoch selber keinen Erfolg, und was die Lehrer derselben ihm vormachten, erwies sich als Humbug, so das Vorgeben eines Predigers, daß er das Vermögen habe, sich unsichtbar zu machen.

2. Maimon über den Geist der Kabbala.
S. 129—143.

„Unbefriedigt von der litterarischen Kenntniß dieser Wissenschaft, suchte ich in ihren Geist einzudringen; und da ich bemerkte, daß diese ganze Wissenschaft, wenn sie diesen Namen verdienen sollte, nichts anders als die Geheimnisse der Natur in Fabeln und Allegorien eingehüllet, enthalten können, so bemühte ich mich diese Geheimnisse ausfindig zu machen, und dadurch meine bloße litterarische Erkenntniß zu einer Vernunfterkenntniß zu erheben.

Ich konnte aber dieses damals nur auf eine sehr unvollständige Art bewerkstelligen, weil ich noch sehr wenige Begriffe von Wissenschaften überhaupt hatte. Doch gerieth ich von selbst durch einiges Nachdenken auf viele Applikationen dieser Art. So erklärte ich mir z. B. gleich die erste Instanz, womit die Kabbalisten gemeinschaftlich ihre Wissenschaft anfangen.

Nämlich: Ehe die Welt erschaffen worden, hatte das göttliche Wesen allein den unendlichen Raum ausgefüllt. Nun wollte aber Gott eine Welt erschaffen, damit er seine Eigenschaften, die sich auf andere Wesen außer ihn beziehen, offenbaren könnte; er schränkte zu diesem Endzwecke sich selbst in den Mittelpunkt seiner Vollkommenheit ein und ließ hernach in dem dadurch leer gebliebenen Raum zehn concentrische Lichtkreise fahren, daraus hernach mannigfaltige Figuren (Parzoffim) und Gradationen bis zur gegenwärtigen sinnlichen Welt entstanden.

Ich konnte mir auf keinerley Art vorstellen, daß dieses alles im gemeinen Sinne der Worte wahr seyn sollte, sowie beinahe alle Kabbalisten es sich vorstellen. Ebensowenig konnte ich mir vorstellen, daß, ehe die Welt erschaffen worden, eine Zeit verflossen sey, indem ich aus meinem Mora Newochim wußte, daß die Zeit blos eine Modifikation der Welt sey, und folglich ohne diese nicht gedacht werden könne.

Ich konnte mir nicht vorstellen, daß Gott einen, obgleich unendlichen Raum erfülle; ferner, daß er als ein unendliches vollkommenes Wesen, seine eigene Vollkommenheit auf eine zirkelförmige Art in seinem Mittelpunkte einschränken sollte.

Sondern ich suchte mir dieses alles auf folgende Art zu erklären: Gott ist nicht der Zeit nach, sondern seinem nothwendigen Wesen nach, als Bedingung der Welt, eher als dieselbe. Alle Dinge mußten, sowohl ihrem Wesen als ihrer Existenz nach, von ihm als ihrer Ursache abhängen. Die Erschaffung der Welt konnte also nicht als eine Hervorbringung aus nichts, auch nicht als eine Bildung eines von ihm Unabhängigen, sondern nur als eine Hervorbringung aus sich selbst gedacht werden. Und da die Wesen von verschiedenen Graden der Vollkommenheit sind, so müssen wir zur Erklärung ihrer Entstehungsart verschiedene Grade der Einschränkung des göttlichen Wesens annehmen. Da nun diese Einschränkung gerade vom unendlichen Wesen bis zu der Materie gedacht werden muß, so stellen wir uns den Anfang dieser Einschränkung figürlich als einen Mittelpunkt (den niedrigsten Punkt) des Unendlichen vor.

In der That ist die Kabbala nichts anderes als erweiterter Spinocismus, worin nicht nur die Entstehung der Welt aus der Einschränkung des göttlichen Wesens überhaupt erklärt, sondern auch die Entstehung einer jeden Art von Wesen und ihr Verhältniß zu allen übrigen aus einer besonderen Eigenschaft Gottes hergeleitet wird. Gott als das letzte Subjekt und die letzte Ursache aller Wesen heißt Ensoph (das Unendliche, wovon, an sich betrachtet, nichts prädicirt werden kann.) In Beziehung auf die unendlichen Wesen aber werden ihm positive Eigenschaften beygelegt, diese werden von den Kabbalisten auf zehn reducirt, welche die zehn Sephiroth genannt werden. In dem Buche von Rabbi Moses Kordowera wird die Frage untersucht, ob die Sephiroth für die Gottheit selbst zu halten sind oder nicht.

Man sieht aber leicht, daß diese Untersuchung in Ansehung der Gottheit nicht mehr Schwierigkeit machen muß als in Ansehung irgend eines anderen Wesens.

Unter den zehn Kreisen dachte ich mir die zehn Prädikamente des Aristoteles, die ich aus gedachtem More Newochim kennen gelernt hatte, die allgemeinsten Prädikate der Dinge, ohne welche nichts gedacht werden kann u. s. w. —

Die Kategorien, im strengsten kritischen Sinne, sind die logischen Formen, die sich nicht auf ein bloß logisches, sondern auf ein reelles Objekt überhaupt beziehen, und ohne welche dies nicht gedacht werden kann. Sie sind also im Subjekt selbst gegründet, werden aber blos durch ihre Beziehung auf ein reelles Objekt ein Gegenstand des Bewußtseins. Sie stellen daher die Sephiroth vor, die zwar dem Ensoph an sich zukommen, deren Realität aber bloß durch ihre besondere Beziehung und Wirkung auf Gegenstände der Natur offenbaret wird, und deren Anzahl in verschiedenen Rücksichten verschiedentlich bestimmt werden kann."

„Ich zog mir aber durch diese Erklärungsart manche Ungelegenheit zu. Die Kabbalisten behaupten nämlich, daß die Kabbala keine menschliche sondern eine göttliche Wissenschaft sey und daß es folglich dieselbe herab würdigen hieße, wenn man ihre Geheimnisse der Natur und Vernunft gemäß erklären wollte."

„Je vernünftiger also meine Erklärungen herauskamen, desto mehr wurden sie gegen mich aufgebracht, indem sie dasjenige blos für göttlich hielten, was keinen vernünftigen Sinn hatte."

„Ich mußte also meine Explikationen für mich behalten. Ein ganzes Werk, das ich darüber schrieb, brachte ich noch mit nach Berlin und verwahre es bis jetzt als ein Denkmal von dem Streben des menschlichen Geistes nach Vollkommenheit, ohngeachtet aller Hindernisse, die sich ihm in den Weg stellen."

―――――

II. Maimon's Ansichten über natürliche, über positive und im Besonderen über die jüdische Religion.
(Kap. 15. S. 150 ffg.)

1. Begriff der Religion überhaupt, der natürlichen und der wahren Religion.

1) Religion überhaupt ist Ausdruck der Empfindungen der Dankbarkeit, Ehrfurcht u. s. w., die aus dem Verhältniß einer oder mehrer uns unbekannten Mächte zu unserem Wohl und Weh entspringen".

2) Sieht man blos auf den Ausdruck dieser Empfindungen überhaupt ohne auf die besondere Art dieses Ausdrucks Rücksicht zu nehmen, so ist allerdings Religion dem Menschen natürlich. Er bemerkt viele ihn interessirende Wirkungen, deren Ursachen ihm unbekannt sind, und doch sieht er sich nach dem allgemein anerkannten Satze des zureichenden Grundes gezwungen, diese Ursachen zu supponiren und die gedachten Empfindungen gegen sie auszudrücken."

„Dieser Ausdruck kann von zweyerley Art seyn, entweder der Einbildung oder der Vernunft gemäß. Denn entweder stellet man sich die Ursachen der Wirkungen **analogisch** vor und legt ihnen an sich solche Eigenschaften bey, die sich durch ihre Wirkungen offenbaren, oder man denkt sie blos als Ursachen gewisser Wirkungen, ohne dadurch ihre Eigenschaften an sich bestimmen zu wollen. Diese beyden Arten sind dem Menschen natürlich; jene ist dem **frühern** Stande des Menschen, diese dem Stande seiner Vollkommenheit gemäß."

3) „Der Unterschied dieser beyden Vorstellungsarten hat noch einen andern Unterschied der Religionen zur Folge. Die erste Vorstellungsart, nach welcher die Ursachen den Wirkungen **ähnlich** supponirt werden, ist die Mutter der **Vielgötterey** oder des **Heidenthums**. Die zweyte aber ist die Basis der wahren Religion. Denn da die Arten der Wirkungen von einander verschieden sind, so müssen auch ihre Ursachen, wenn sie ihnen ähnlich seyn sollen, als von einander verschieden vorgestellt werden. Denkt man hingegen, der Wahrheit gemäß, zu diesen Wirkungen den Begriff von **Ursache überhaupt**, ohne diese Ursache an sich (indem sie völlig unbekannt ist) als **analogisch** durch Hülfe der Einbildungskraft bestimmen zu wollen, so hat man keinen Grund, mehrere Ursachen zu supponiren, sondern brauche nur ein einziges völlig unbekanntes Subjekt als Ursache aller dieser Wirkungen anzunehmen."

Diese Betrachtung Maimon's ist ungemein tief und scharfsinnig. Sie setzt die ganze Reife eines kritisch geschulten Geistes voraus, der die Analogie der blos verstandesmäßig erkannten Gesetzmäßigkeit des Wirkens in den Erscheinungen nicht über die Grenzen von Raum und Zeit, nicht über die endliche Welt hinaus fortzusetzen verstattet, aber doch der Vernunftforderung eine Ursache der erscheinenden Welt überhaupt anzunehmen gerecht wird. — Wie viel logischer und zugleich geschichtlich wahrer ist das als die Ansicht eines Dav. Strauß!

2. Verhältniß der philosophischen Systeme zum Begriff der unwahren und der wahren natürlichen Religion.
(S. 152.)

a. Atheismus und Religion.

„Die verschiedenen philosophischen Systeme der Theologie sind nichts anders als nähere Entwicklungen dieser verschiedenen Vorstellungs-

arten. Das atheiſtiſche Syſtem der Theologie, wenn man es ſo nen=
nen darf, verwirft den Gebrauch des Begriffs einer erſten Urſache ganz
und gar (da er [d. i. während er] dem kritiſchen Syſtem zufolge zum
wenigſten, als eine nothwendige Vernunftidee, von regulativem Gebrauch
iſt.) Alle Wirkungen werden auf beſondere bekannte oder unbekannte
Urſachen bezogen. Darin darf nicht einmal ein Zuſammenhang zwi=
ſchen den verſchiedenen Wirkungen angenommen werden, weil ſonſt der
Grund dieſes Zuſammenhangs nothwendig außer demſelben geſucht wer=
den müßte.

b. Der Spinozismus und die Religion.
(S. 153. ffg.)

Das ſpinoziſtiſche Syſtem hingegen ſupponirt eine und eben
dieſelbe Subſtanz als unmittelbare Urſache aller verſchiedenen Wirkungen,
die als Prädikate eines und deſſelben Subjekts betrachtet werden müſſen.

Materie und Geiſt ſind bei Spinoza eine und eben dieſelbe Sub=
ſtanz, die einmal unter dieſem, ein andermal unter jenem Attribut erſcheint.
Dieſe einzige Subſtanz iſt, nach ihm, nicht nur das einzige mögliche ſelbſt=
ſtändige (von einer äußeren Urſache unabhängige) ſondern auch das
einzige für ſich beſtehende Weſen, deſſen Arten (modos) (dieſe Attri=
bute auf eine beſondere Art eingeſchränkt) alle ſogenannte Weſen außer
ihm ſind. Jede beſondere Wirkung in der Natur wird bey ihm nicht
auf ihre nächſte (die blos ein Modus iſt) ſondern unmittelbar auf dieſe
erſte Urſache oder Subſtanz bezogen, die allen Weſen gemein iſt.

c. Vergleich zwiſchen Atheismus und Spinozismus.

„In dieſem Syſtem iſt die Einheit reell; das Mannigfaltige
aber blos idealiſch. In dem atheiſtiſchen Syſteme hingegen iſt es gerade
umgekehrt. Das Mannigfaltige iſt reell, in der Natur der Dinge
ſelbſt gegründet. Die Einheit hingegen, die man in der Ordnung
und Geſetzmäßigkeit der Natur bemerkt, iſt dieſem zufolge blos zufällig,
wodurch wir unſer willkürliches Syſtem zum Behuf der Erkennt=
niß zu beſtimmen pflegen."

„Es iſt unbegreiflich, wie man das ſpinoziſtiſche Syſtem zum atheiſti=
ſchen hat machen können, da ſie doch einander gerade entgegengeſetzt ſind.
In dieſem wird das Daſeyn Gottes, in jenem aber das Daſeyn der
Welt geleugnet. Es müßte alſo eher das akosmiſche Syſtem heißen!"

d. Das Leibnitzische System und die Religion.

„Das Leibnitzische System hält das Mittel zwischen beyden vorhergehenden. Es werden darin alle besondern Wirkungen auf besondere Ursachen unmittelbar bezogen; diese verschiedenen Wirkungen werden aber als zusammenhängend in einem einzigen Systeme gedacht, und die Ursache dieses Zusammenhängens in einem Wesen außer demselben gesucht."

3. Die positive Religion und die politische, als Art derselben.

a. Die rein positive Religion.

„Die positive Religion wird von der natürlichen auf eben die Art als die positiven bürgerlichen Gesetze von den natürlichen unterschieden. Diese sind die auf einer von selbst erlangten, auf undeutlicher Erkenntniß beruhenden, in Ansehung ihres Gebrauchs nicht gehörig bestimmten; jene aber die auf einer von andern erhaltenen deutlichen Erkenntniß, in Ansehung ihres Gebrauchs völlig bestimmten Gesetze."

b. Die politisch = positive.

„Man muß aber eine positive Religion von einer politischen Religion sorgfältig unterscheiden. Jene hat blos die Berichtigung und genaue Bestimmung der Erkenntniß d. h. Belehrung in Ansehung der ersten Ursache, zum Zweck und die Erkenntniß wird einem andern nach Maßgabe seiner Fähigkeit so mitgetheilt wie man sie selbst erhalten hat. Diese aber hat hauptsächlich bürgerliche Glückseligkeit zum Zweck. Die Erkenntniß wird nicht so, wie man sie selbst erhalten hat, sondern nur in sofern man sie zu diesem Zwecke dienlich findet, mitgetheilt. Die Politik, blos als Politik, braucht sich so wenig um die wahre Religion als um die wahre Moral zu bekümmern. Der Schade davon kann durch andere auf die Menschen zugleich wirkende Mittel verhütet und so alles im Gleichgewicht gehalten werden. Eine jede politische Religion ist zugleich positiv, nicht aber jede positive auch politisch."

„So wenig die natürliche als die bloß positive Religion haben Geheimnisse. Denn wolle man es ein Geheimniß heißen, wenn man den andern (wegen Mangels an Fähigkeiten) seine Erkenntniß nicht in dem Grade der Vollkommenheit mittheilen kann, die man selbst erlangt hat, so müßte man in diesem Sinne, allen Wissenschaften Geheimnisse beylegen; es gäbe alsdann Geheimnisse der Mathematik so gut als Geheimnisse der Religion. — Nur die politische Religion kann Geheimnisse haben, um dadurch auf eine indirekte Art die Menschen zur Erreichung des politischen Zweckes zu leiten, indem man sie glauben macht, daß sie dadurch ihre Privatzwecke am besten erreichen können, obschon es in der That nicht immer der Fall ist. Es giebt kleine und große Mysterien der politischen Religion. Jene bestehn in der materiellen Erkenntniß aller besondern Operationen und ihres Zusammenhangs unter einander. Diese hingegen in der Erkenntniß des Formellen oder des Zweckes, wodurch jene bestimmt werden. Jene machen den Inbegriff der Religionsgesetze aus, diese aber enthalten den Geist der Gesetze."

4. Die jüdische Religion nach Maimon's Auffassung.

a. Die jüdische Religon als eine natürliche.

„Die jüdische Religion ist schon in ihrem ersten Ursprung als natürliche Religion, wie sie die nomadischen Patriarchen hatten, von der heidnischen unterschieden, indem in ihr, statt der vielen begreiflichen Götter des Heidenthums, die Einheit eines unbegreiflichen Gottes zum Grunde liegt. Denn da die besonderen Ursachen der Wirkungen (die überhaupt eine Religion veranlassen) an sich unbekannt sind, und man sich auch nicht für berechtigt hält, die Eigenschaften der besonderen Wirkungen auf die Ursachen zu übertragen und sie dadurch zu charakterisiren, so bleibt nur der Begriff von Ursache überhaupt übrig, der auf alle Wirkungen ohne Unterschied bezogen werden muß. Diese Ursache kann nicht einmal durch die Wirkungen analogisch bestimmt werden. Denn die Wirkungen sind einander entgegengesetzt, und heben sich einander in eben demselben Objekt wechselsweise auf; legt man sie also alle einer und eben derselben Ursache bey, so kann diese durch keine derselben analogisch bestimmt werden."

„Die heidnische Religion hingegen, die jede Art Wirkung auf eine besondre Ursache bezieht, kann allerdings durch ihre Wirkung charakterisirt werden."

b. **Die jüdische Religion als positive und die ursprüngliche Einheit ihres blos positiven und ihres politischen Interesses.**

„Als positive Religion ist die jüdische dadurch von der heidnischen unterschieden, daß sie keine blos politische d. h. eine solche Religion, die das gesellschaftliche Interesse (im Gegensatze der wahren Erkenntniß und des Privat-Interesses) zum Zweck hat, sondern nach dem Geiste ihres Urhebers, der theokratischen Regierungsform der Nation angemessen ist, die auf dem Grundsatz beruht, daß nur die wahre auf Vernunfterkenntniß beruhende Religion sowohl mit dem bürgerlichen als Privatinteresse übereinstimmen kann. Sie hat also in ihrer Reinheit betrachtet, keine Geheimnisse im eigentlichen Sinne des Wortes d. h. solche, die man um den Zweck zu erreichen nicht will, sondern solche, die man nicht allen entdecken kann."

(Wie verwandt ist doch dieser Gesichtspunkt, hinsichtlich der biblischen Gesetze, dem Lessing'schen einer Erziehung des Menschengeschlechts durch Offenbarung!)

c. **Die jüdische Religion nach dem Untergange des jüdischen Staates.**

„Nach dem Verfall des jüdischen Staates wurde Religion vom Staate (der nicht mehr existirte) getrennt. Die Vorsteher der Religion waren nicht mehr wie bisher darauf bedacht, die Religion in ihrer besondern Anwendung dem Staate gemäß einzurichten, sondern ihre Sorge ging blos darauf, die Religion, wovon die Existenz der Nation nunmehr abhing, zu erhalten. Bewogen durch den Haß gegen diejenigen Nationen, die ihren Staat vernichtet hatten, und aus Vorsorge, daß nicht mit dem Verfall ihres Staates auch ihre Religion in Verfall gerathen möchte, sind sie auf folgende Mittel zur Erhaltung und Erweiterung ihrer Religion gerathen.

1) Das Vorgeben einer von Moses überlieferten Methode, die Gesetze zu expliciren und auf besondere Fälle anzuwenden.
(Sehr ähnlich dem Vorgeben des Katholicismus von einer dem Petrus übertragenen Vollmacht, die allein seelig machende Wahrheit zu verkünden und fortzupflanzen an seine Nachfolger, die Päpste!)
2) Die den neuen durch diese Methode herausgebrachten Entscheidungen und Aussprüchen beygelegte gesetzliche Kraft, wodurch sie mit den alten Gesetzen in gleichen Rang traten."
(Aehnlich dem Anspruch der katholischen Concilien.)

d. **Geschichte der jüdischen Religion.**

„Die Geschichte der jüdischen Religion kann, diesem zufolge, in fünf Hauptepochen eingetheilt werden."

1) „Die erste Epoche enthält die natürliche Religion von den Zeiten der Patriarchen bis auf Moses...."

2) „Die zweite faßt die positive oder geoffenbarte Religion in sich, von Moses bis auf die Zeit des großen Conciliums (Kenesith Hagbola). Dieses Concilium muß man sich nicht als eine Versammlung von Theologen zu einer bestimmten Zeit vorstellen, sondern die Theologen einer ganzen Epoche seit der Zerstörung des ersten Tempels bis auf Verfassung der Misna werden so genannt, wovon die ersten die kleinen Propheten (Hagi, Sachari, Malcachi u. s. w., zu welchen noch bis auf 120 alte gerechnet werden) und der letzte Simon der Fromme waren. Diese sowie ihre Vorgänger seit Josuas Zeiten legten die mosaischen Gesetze zum Grund, und fügten, nach Zeit und Umständen, und der überlieferten Methode gemäß, noch neue Gesetze hinzu; jede Streitigkeit, die darüber entstand, wurde nach Mehrheit der Stimmen entschieden."

3) „Die dritte Epoche geht von der Verfassung der Misna von Rabbi Jehuda dem Heiligen bis auf Verfassung des Talmuds von Rabinen und Rabassi."

„Bis zu dieser Epoche wurde es für unerlaubt gehalten, die Gesetze schriftlich abzufassen, damit sie nicht solchen, die davon keinen Gebrauch machen können, in die Hände kommen sollten. Da aber dieser Rabbi Jehuda Hanassi (oder wie er sonst heißt Rabbenu Halladas) merkte, daß die Gesetze wegen ihrer großen Mannigfaltigkeit nicht in Vergessenheit gerathen könnten, so erlaubte er sich zur Erhaltung der sämmtlichen Gesetze ein einziges zu übertreten, nämlich die Gesetze schriftlich abzufassen.... Er lebte zu Antoninus Pius Zeiten, war reich und besaß alle zu einem solchen Unternehmen erforderlichen Fähigkeiten. Er verfaßte daher die Misna, worin er die mosaischen Gesetze entweder nach einer überlieferten oder sonst vernünftigen Exegetik vorträgt. Zuweilen kommen auch darin solche Gesetze vor, worüber gestritten wird.

Dieses Werk ist in sechs Haupttheile abgetheilt. Der erste Theil enthält die Gesetze, die den Feld- und Gartenbau, der zweite Theil solche, die die Feste und Feyertage betreffen. Der dritte Theil faßt diejenigen in sich, die die Beziehung beyder Geschlechter auf einander (Heirathen, Ehescheidungen u. dgl.) bestimmen. Der vierte begreift die Gesetze, die von den Rechtslehren, der fünfte solche, die von dem Dienst des Tempels und von den Opfern handeln und der sechste enthält die Reinigungsgesetze."

4) „Da die Misna aber mit der größten Präcision abgefaßt ist und ohne Kommentar nicht verstanden werden kann, so war es natürlich, daß nach der Zeit Zweifel und Streitigkeiten sowohl über die Auslegung der Misna an sich, als über die Art ihrer Anwendung auch solche Fälle, die in ihr nicht bestimmt genug sind, entstehen mußten. Alle diese Zweifel und ihre mannigfaltigen Auflösungen, Streitigkeiten und Entscheidungen wurden endlich von dem gedachten Rabbine und Rabassi in dem Talmud zusammengebracht und dieses ist die vierte Epoche der jüdischen Gesetzgebung."

5) „Die fünfte Epoche fängt von der Beschließung des Talmuds an, und geht bis auf unsere Zeiten und sofort in alle Ewigkeit (si diis placet) bis zur Ankunft des Messias. Seit der Beschließung des Talmuds sind die Rabbiner auch nicht müßig, sie dürfen zwar an der Misna und dem Talmud nichts ändern, ihr Geschäft besteht aber darin: diese so zu erklären, daß sie mit sich selbst übereinstimmen müssen (welches wahrhaftig keine Kleinigkeit ist, indem immer der eine Rabbiner, nach einer superfeinen Dialektik, in den Erklärungen des anderen Widersprüche findet) aus dem Labyrinth von verschiedenen Meinungen, Auslegungen, Streitigkeiten und Entscheidungen, die auf jeden Fall anwendbaren Gesetze herauszuwickeln; und endlich neue, durch alle bisherigen Bemühungen unbestimmt gebliebenen Gesetze für neue Fälle durch Schlüsse aus den schon bekannten herauszubringen und so ein vollständiges Gesetzbuch zu verfertigen.

So wird die, ihrem Ursprung nach, natürliche, der Vernunft angemessene Religion gemißbraucht. Ein Jude darf weder essen noch trinken, weder bey seiner Frau schlafen noch seine Nothdurft verrichten, ohne dabey eine ungeheure Anzahl Gesetze zu beobachten. Mit den Büchern über das Schlachten (die Beschaffenheit des Messers und die Untersuchung der Eingeweide) könnte man allein eine Bibliothek ausfüllen, die gewiß der alexandrinischen nahe kommen würde. Und was soll ich von der ungeheuren Anzahl Bücher sagen, die von solchen Gesetzen handeln, welche nicht mehr im Gebrauch sind, wie z. B. die Gesetze der Opfer, der Reinigung u. s. w. Die Feder entfällt meiner Hand, bey der Erinnerung, daß ich und mehrere meines gleichen die besten Jahre, wo die Kräfte in ihrer vollen Stärke sind, mit diesem Geist tödtenden Geschäft zubringen und Nächte durchwachen mußte, um, wo kein Sinn ist, einen Sinn hereinzubringen, Widersprüche, wo keine zu finden waren, durch

Scharfsinn zu heben, durch eine lange Kette von Schlüssen nach einem Schatten zu haschen und Schlösser in die Luft zu bauen."

e. Vom Rabbinismus im Besonderen.

α. Dessen Mißbräuche.

"Der Mißbrauch des Rabbinismus hat, wie man sieht, seinen Grund
1) in einer künstlichen Methode der Auslegung der heiligen Schrift, welche von der natürlichen Methode sich darin unterscheidet, daß wenn diese auf gründlicher Sprachkenntniß und dem wahren Geist des Gesetzgebers in Rücksicht auf den aus der damaligen Zeit bekannten, damaligen Zeitumständen beruht,*) jene vielmehr zum Behuf der in den jedesmaligen Zeitumständen gegebenen Gesetze erfunden worden ist..."

2) "In den Sitten und Gebräuchen anderer Nationen, in deren Nachbarschaft die Juden lebten oder nach dem Verfall ihres Staates nach und nach zerstreut wurden, und deren Sitten und Gebräuche sie, um nicht ganz zum Abscheu zu werden, annehmen mußten. Von dieser Art sind z. B. die Gesetze, den Kopf .... nicht zu entblößen u. s. w."

β. Ueber die Reinerhaltung des theoretischen Theils der jüdischen Theologie trotz der Mißbräuche im praktischen.

1) "Merkwürdig ist es, daß bey allen rabbinischen Ausschweifungen in Ansehung des praktischen Theils... der theoretische... sich noch immer rein gehalten hat".... Man könnte "aus unwiderleglichen Gründen darthun, daß alle eingeschränkte bildliche Vorstellungen von Gott und seinen Eigenschaften blos in einem Bestreben, die Begriffe der Theologie dem gemeinen Verstand anzunähern, ihren Grund haben. Sie folgten hiermit dem Grundsatz, den sie in Ansehung der heiligen Schrift selbst festgesetzt hatten."

"Die heilige Schrift bedient sich der Sprache des gemeinen Mannes, indem religiöse und moralische Gesinnungen und Handlungen, als der unmittelbare Zweck der Theologie, auf diese Art am besten

---

*) Man sieht: Maimon hatte vermöge seiner jüdischen Gelehrsamkeit und seines zugleich philosophisch-kritischen Sinnes einen nahezu klaren Begriff unserer philologischen Kritik und Exegese.

ausgebreitet werden können. Sie stellen daher dem gemeinen Verstande Gott als einen irdischen König vor, der sich mit seinen Ministern und Kabinetsräthen, den Engeln, über die Regierung der Welt berathschlagt. Dem ausgebildeten Verstande aber suchen sie alle anthropomorphistische Vorstellungen von Gott zu benehmen, indem sie sagen: Die Propheten haben viel gewagt, indem sie den Schöpfer seinem Geschöpf ähnlich vorstellen, wie es z. B. bey Ezechiel 2. 26 heißt: „und auf dem Thron war eine dem Menschen ähnliche Vorstellung."

2) Maimon stellt alsdann Mahomeds Beschreibung von der Belohnung der Frommen die rabbinische Vorstellung gegenüber und hebt die Reinheit der letzteren im Gegensatze zur Sinnlichkeit jener hervor. Bei Mahomed heiße es:

„„Hier (im Paradiese) sind so viele Schalen als Sterne am Himmel. Junge Mädchen und Knaben schenken ein und warten bey der Tafel auf. Die Mädchen sind von einer Schönheit, die alle Einbildungskraft übertrifft. Wenn eine von diesen Mädchen am Himmel oder in der Luft des Nachts erschien, so würde die Welt davon helle werden, nicht anders als wenn die Sonne scheint, und wenn sie in's Meer spuckte, so würde sie dessen salziges Wasser in Honig und seine Bitterkeiten in Süßigkeit verwandeln. Wasser, Milch, Honig und weißer Wein werden die Flüsse seyn, die diesen süßen Aufenthalt benetzen. Der Schlamm dieser Flüsse wird aus wohlriechenden Muskaten und die Kiesel derselben aus Perlen und Hyacinthen bestehen. Der Engel Gabriel wird die Thore des Paradieses den gläubigen Muselmännern öffnen. Das erste, was ihnen in die Augen fallen wird, wird eine Tafel von Diamanten, von einer so ungeheuren Länge seyn, daß man sieben tausend Tage zubringen müßte, herum zu laufen. Die Stühle, die herum stehen, werden von Gold und Silber seyn, die Tischtücher von Seide und Gold. Wenn sie sich gesetzt haben, werden sie die auserlesensten Gerichte des Paradieses essen und von seinem Wasser trinken. Sind sie satt, so werden ihnen schöne Knaben, grüne Kleider von kostbarem Stoff und Halsbänder und Ohrgehänge von Gold reichen. Einem jeden wird man alsdann eine Citrone geben, und wenn sie sie an ihre Nase gebracht haben, um ihren Geruch zu empfinden, so wird ein Mädchen von bezaubernder Schönheit herauskommen. Jeder wird die seinige mit Entzücken umarmen, und diese verliebte Trunkenheit wird fünfzig Jahre ohne Unterbrechung dauern. Ein jedes Paar wird einen bezaubernden Pallast zur Wohnung bekommen, wo sie die ganze Ewigkeit essen, trinken und alle Arten von Wollust genießen werden.""

„Diese Beschreibung" sagt Maimon S. 171, „ist schön, aber wie sinnlich!" Die Rabbiner hingegen sagen: „„Oben (in dem seligen Aufenthalt der Frommen) giebt es weder Essen noch Trinken u. s. w. sondern die Frommen sitzen gekrönt und ergötzen sich in dem Anschauen der Gottheit.""

3) Vor allem rühmt er die rabbinische Moraltheorie. Er weiß — nach S. 176. — „wahrhaftig nicht, was man daran auszusetzen hat, außer vielleicht das in manchen Fällen Zuweitgetriebene derselben. Sie ist der ächte Stoicismus, schließt aber deswegen nicht andere brauchbare Principien (der Vollkommenheit, des allgemeinen Wohlwollens u. dergl.) aus. Ihre Heiligkeit erstreckt sich sogar auf Gedanken. Sie beziehe dieses, ihrer Art nach auf folgende Stelle des Psalms: Du sollst in dir keinen fremden Gott haben, indem sie sagen: welcher fremde Gott kann in dem menschlichen Herzen wohnen als böse Begierden. Sie erlauben nicht einmal einen Heiden weder in Thaten noch mit Worten zu hintergehn, wobey er doch nichts verlieren kann, z. B. sich gegen ihn der gewöhnlichen Höflichkeitsformel: „ich freue mich Sie wohl zu sehen" zu bedienen, wenn sie nicht wahre Gesinnungen des Herzens ausdrückt.

Die Beispiele von Juden, die Christen oder Heiden betrügen, welche man gemeiniglich dagegen anführt, beweisen nichts, indem diese alsdann nicht den Grundsätzen ihrer Moral gemäß handeln.

Das Gebot, du sollst nicht gelüsten nach allem, was deinem Nächsten gehört, legen die Talmudisten so aus, daß man sich sogar den Wunsch es zu besitzen verwehren muß; kurz ich müßte ein ganzes Buch schreiben, wenn ich alle vortrefflichen Lehren der rabbinischen Moral anführen wollte."

Zu widerlegen sind nach Maimon alle die ungerechten Beschuldigungen und Verspottungen, die sowohl von christlichen Autoren als selbst von den aufgeklärt seyn wollenden Juden gegen die Talmudisten vorgebracht werden.

„Wer in den wahren Geist des Talmuds eingedrungen ist," schreibt er S. 172, „wer sich mit der Art der Alten überhaupt und besonders der Morgenländer, theologische, moralische, ja sogar physische Wahrheiten in Fabeln und Allegorien vorzutragen, wer sich mit den morgenländischen Uebertreibungen in Ansehung alles dessen, was die Menschheit interessiren muß, genau bekannt gemacht hat; und mit den Talmudisten so verfahren will, wie diese selbst zur Entschuldigung des Rabbi Maier, der einen Ketzer zum Lehrer hatte, in der oben (Siehe

oben S. 20) angeführten Stelle sagen; der wird gewiß alle die Ungereimt=
heiten im Talmud nicht finden, die diese Herren so leicht darin zu fin=
den geneigt sind." — — — —

„Da . . . diese Methode überall als bekannt vorausgesetzt wird, so
halten es die Talmudisten für unnöthig, sie bey jeder Gelegenheit auf's
Neue einzuschärfen."

Bei der wissenschaftlichen Bedeutung, die Maimon hat, werden die
in Vorangehendem mitgetheilten Ansichten desselben über das Wesen
jüdischer Theologie und über die Religion gewiß sehr beachtenswerth
erscheinen. Sie bezeugen, daß er unabhängig von den in diesen Ange=
legenheiten hervorragenden Zeitgenossen zu einer Klarheit und Schärfe
der Auffassung gelangt war, die dem Principe nach ebenbürtig ist dem
Höchsten, was hierin sein Jahrhundert erreicht hat. Vor allem ist er
seinem großen Gönner Moses Mendelssohn in dieser Beziehung durchaus
überlegen. Hierfür ist zu vergleichen, was Joh. Ed. Erdmann bemerkt
im „Grundriß" II. S. 270, 272 und 276. Jedenfalls ist hier für jeden
allgemein wissenschaftlich Gebildeten Mendelssohns Verhältniß zum Kantischen
Richtung und desselben religiöse Beschränktheit am Bündigsten und mit
Sachkenntniß bezeichnet.

Die gleiche Reise der Anschauung ist aus Maimon's Darstellung
und Würdigung der Lehren des Maimonides ersichtlich. Dieselbe lehnt
sich jedoch so sehr an die Einzelheiten von des letzteren Werken an und
ist gerade durch Auffassung dieser so interessant, daß ein kurzer Auszug
daraus, wie er für diese Stelle der „Zusätze" nur statthaft wäre, sich
nicht anfertigen läßt. Es könnte in einem solchen wenigstens nichts an=
geführt werden, was einen über das hier bereits Dargebotene hinaus=
gehenden neuen grundlegenden Gesichtspunkt eröffnen würde.

Ich benutze daher diese Stelle lieber zu einem Zusatze, in dem die
Erkenntnißtheorie Maimon's noch etwas eingehender behandelt werden
soll als es oben geschehen ist; denn dort beschränkte ich mich nur auf
Hervorhebung des Einen für die geschichts=philosophische Stellung wichtigsten
Punktes, der die Lehre von den Dingen an sich betrifft. —

III. Noch Einiges aus Maimon's transscendentaler Ästhetik und Logik und über dieselben.

Maimon weicht von Kant's Erkenntnißtheorie wesentlich in zwei Punkten ab, deren einer die Theorie der Sinne, deren anderer die des Verstandes angeht.

1. Von Maimon's Theorie der Sinnlichkeit.

Was jenen betrifft, so leugnet er mit G. E. Schulz die Möglichkeit, die Vorstellung von Dingen an sich für die Erkenntnißtheorie positiv zu verwerthen. Dinge außerhalb des erkennenden Bewußtseins, welche dasselbe mittels der Sinne (wie bei Kant und K. L. Reinhold) rühren — ein Rühren, dessen Ergebniß die Empfindung ist —, lassen sich für Maimon nicht nur nicht beweisen, sondern sie sind ihm eine begriffliche Unmöglichkeit. Sie sind schlechthin undenkbar, ein durch kein Merkmal vorstellbarer Gegenstand; sie sind ein Unding, eine imaginaire Größe.

Dieses Irrationale, das Ding an sich, als ein solches Noumenon, bezeichnet hiernach nur die Grenze unseres Erkennens im negativen Verstande. (Das Irrige dieser Auffassung habe ich oben nachgewiesen. Zu meiner Rechtfertigung Kant's ihr gegenüber kann verglichen werden, was Erdmann a. a. O. S. 320 über das Verhältniß von Kant zu Berkeley sagt und W. Tobias in den „Grenzen der Philosophie" S. 40 und S. 71).

[Es ist daher aber auch falsch, was Erdmann S. 403 — freilich im Sinne Maimon's — behauptet, daß „gegeben" nur heiße: „ohne Wissen von unserer Spontaneität vorgestellt." Wir haben über das Gegebene weder bewußte noch unbewußte Spontaneität. Dasselbe ist als solches ein in der That zum Theil uns Fremdes. Darum kann es immerhin ein uns Gleichartiges sein, und eben auf Annahme eines solchen Etwas, das sogar ein dem Ursprünglichen in uns Gleichartiges, aber zum Theil außer uns ist, beruht das Vertrauen, daß eine in ihrem Vorgange uns ewig verborgene Synthese stillschweigend unsere Erkenntniß in dem isolirenden Gebrauche ergänzen werde, auf welchen diese bei ihrer individuellen Bethätigung durch ursprüngliche eigene Schranken angewiesen und eingeschränkt wird. Ein solches „Etwas" ist allein das Kantische Ding an sich, das nur zum Theil, nicht aber gänzlich außerhalb des Bewußtseins liegt. Es ist kein Näherungswerth, dem man sich, wie $\sqrt{2}$, allmählig nähert, aber auch keine imaginaire Größe, wie $\sqrt{-a}$, wofür es Maimon ansieht (cf. Erdmann ebd. S. 403). Weil das Ding an sich jenes nicht ist, so darf man die Sinnlichkeit, das Vermögen, dasselbe aufzunehmen, auch nicht als „unvollständigen Verstand" bezeichnen, weil es dieses nicht ist, hat es selbst mehr als negative Bedeutung. Es ist zum Apriori in uns das apriorische Komplement außerhalb des einen sinnlichen Inhalt nothwendig erkennenden Bewußtseins, und steht des letzteren beiden ursprünglich geschiedenen Grundlagen, der Anschauung und dem Verstande, ebenbürtig und ihre apriorischen Synthesen ergänzend, zur Seite.]

Weil Maimon das Kantische Ding an sich somit irrthümlich für etwas gänzlich außerhalb des Bewußtseins Liegendes hält, sucht er nun weiter auf andere Weise den Stoff der Vorstellung zu gewinnen. Eines solchen bedarf freilich auch nach ihm unser Denken zur Erkenntniß. Diese ist nichts blos Formales, sondern Beziehung einer Form auf einen Inhalt. Und dieser muß, als etwas allem bewußten Denken Vorangehendes, da und gegeben sein. Aber er braucht deshalb nicht von Dingen außer uns gegeben zu sein und herzustammen. Er ist das, dessen Ursprung uns unbekannt ist, in uns. (Vergl. oben S. 58.)

Dieser Stoff des Denkens ist nun von zweierlei Art. A posteriori ist er gegeben in den Empfindungen als ein Mannigfaltiges ohne Einheit; a priori mittels jener ursprünglichen Bedingungen, ohne deren Voraussetzung uns überhaupt nichts Mannigfaltiges als solches erscheinen kann. Diese Bedingungen sind Raum und Zeit: sie sind die bestimmten Arten, wie wir das Mannigfaltige zur Einheit des Bewußtseins zusammenfassen. Das Vermögen, solche gegebene Erkenntnisse zu haben, ist die Sinnlichkeit.

Sie liefert uns die Objekte; darin ist Maimon mit Kant einig. Aber die Beschaffenheit derselben ist eine andere als bei diesem. Denn sie werden uns, wie mit dem oben und eben gerügten Fehler Maimon behauptet, als Produkte unseres Denkens geliefert, jedoch als solche, deren Entstehungsart in unserem Gemüthe uns unbekannt ist. [In Wahrheit aber entstehen sie in unserem Bewußtsein gar nicht, wenigstens nicht hinsichtlich der ursprünglichen Bedingung ihrer Erscheinung für die sinnliche Auffassung sowohl von Seiten der Form wie des Inhalts. Jene ist die reine Anschauung, diese die Affektion überhaupt. Beide sind ein Ursprüngliches und Konstantes: erstere in, letztere vor dem Bewußtsein bei seiner individuellen Bethätigung].

Sie kann uns jedoch bekannt werden. Geschieht dies, werden wir uns also der Regeln bewußt, nach denen wir die Gegenstände hervorbringen, so wird die Anschauung zum Begriff, die Sinnlichkeit zum Verstand. Diese verhalten sich also nicht wie zwei durchaus verschiedene Grundvermögen, sie sind vielmehr nur zwei Entwicklungsstufen einer und derselben Grundkraft. Auf solche Weise nähert sich hier Maimon dem Leibniz, indem hiernach die Sinnlichkeit eben nur unvollständiger Verstand ist.

[Gerade diesen Irrthum aber hatte Kant aufgedeckt. Nicht etwa, daß beide isolirt zu gebrauchen wären, hatte er behauptet; vielmehr forderte er zum Erkennen das Zusammenwirken beider.

Ebenso sehr aber betonte er und wies er zweifellos nach die ursprünglichen Momente, welche jeder von diesen Gemüthskräften eigenthümlich sind und durch welche sie etwas von einander Unterschiedenes, für sich Bestehendes und Selbständiges sind und demgemäß dafür auch in einseitiger Bethätigung dieser ihrer Momente gelten müssen, so wenig auch die Ergebnisse einer solchen eine Wahrheit außerhalb dieser Gemüthskräfte haben mögen oder gar für nothwendige Erkenntnisse der Erfahrung angesehen werden dürfen.]

2. Von Maimon's Theorie des realen Verstandesgebrauchs.

Nach Maimon werden wir uns in der transscendentalen Logik und mittels des Verstandes nur der Regeln bewußt, nach denen wir die Gegenstände in der Sinnlichkeit erzeugen. Der Verstand ist sonach für ihn das Bewußtsein der Spontaneität der Anschauungsthätigkeit. Dieser Gedanke führt über zu seiner Logik im transscendentalen Sinne und damit zum Inhalte jener Regeln. Denn Maimon's Logik muß die Grundsätze enthalten, denen gemäß das Bewußtsein über die Spontaneität der Sinnlichkeit zu Stande kommt.

Allein es ist nicht diese unkantische Auffassung, worin Maimon mit Unrecht von der kritischen Lehre abweicht, an welche ich gedacht habe, als ich einen wesentlichen Unterschied zwischen unseres Philosophen und Kant's Logik behauptet habe. Viel bedeutsamer ist es nämlich, daß Maimon zu allererst und im Gegensatze zu seinem großen Meister die transscendentale Logik der formalen nicht blos neben= sondern übergeordnet hat.

Mit Kant darin einig, daß die formale Logik allein ungenügend sei zur Erlangung inhaltlicher Gewißheit, und die Forderung billigend, daß es also auch allgemeine nothwendige Bestimmungen über den Inhalt des Denkens geben müsse, geht Maimon darin über den Vorgänger hin=

uns, daß er sogar die Abhängigkeit der rein formalen von der transscendentalen Logik verfündet. Seien doch zahlreiche formale logische Regeln ungenau, ja selbst unrichtig, wenn sie nicht ergänzt würden durch Bestimmungen, die aus transscendentalen Betrachtungen hervorgingen. Denn in Einem Bewußtsein kann ich z. B. sogar contradictorisch entgegengesetzte Prädikate verbinden, wie dies geschieht, wenn ich im negativen Urtheile ein non-A zum Prädikat des A machet. Indeß ein wirkliches, reales Objekt erhalte ich durch solche Vereinigung im Bewußtsein gewiß nicht; ich erhalte es auch da nicht, wo ich bloße Relations- oder, wie Maimon sagt, Reflexionsbestimmungen verbinde: z. B. Ursache und Wirkung.

Es bedarf also einer Untersuchung dessen, worin eine Verbindung besteht, die ein wirkliches Objekt des Denkens erzeugt. Dies reale Denken muß verschieden sein vom willkürlichen, das Gegenstände, die ohne einander vorstellbar sind, vereinigt, z. B. „Rechteck" und „schwarz" oder „süß" und „Linie", und auch von dem lediglich formalen, das untrennbare Relationen, verknüpft.

Ein solches reales Denken beruht vielmehr auf dem obersten Grundgesetz alles synthetischen Erkennens, wie Maimon in den „Kritischen Untersuchungen über den menschlichen Geist" S. 222. fg. darlegt. Jenes Grundgesetz ist der „Satz der Bestimmbarkeit", unter welchem somit alle wirklich synthetischen Urtheile stehen, durch welche sogar erst der Unterschied zwischen analytischen und identischen Sätzen und zwischen negativen und unendlichen Urtheilen völlig klar werde.

Jener Grundsatz besagt aber dies: Zwei Glieder des Mannigfaltigen können durch das Denken zu einem Erkenntniß eines realen Objekts verbunden werden, wenn das eine derselben ein bestimmtes, das andere ein bestimmbares ist und daher von jenem als Denkobjekt abhängt. Oder: Diejenige Verbindung des Denkens erzeugt ein reales Objekt, wo das Eine ohne das Andere, dieses aber nicht ohne jenes gedacht werden kann und also das letztere eine mögliche Bestimmung des ersteren ist. In solchem Verhältniß stehen „rechtwinklich" und „Quadrat". Dies ist nicht ohne jenes, wohl „rechtwinklich" ohne „Quadrat" vorstellbar. —

Sehr bemerkenswerth ist alsdann das Bemühen, in diesem Grundsatze den Keim der verschiedenen Kategorien zu entdecken und dieselben aus ihm abzuleiten. Es gelingt dies freilich Maimon nicht, jedoch ist das Bestreben selber: für die Anzahl und Arten der obersten Stammbegriffe des Verstandes einen Einheitsgrund aufzuweisen, ein durchaus zu rechtfertigendes, und das ihm schon in Maimon vorschwebende Ziel ein noch heute erst zu erreichendes.

Verzichten wir auch unserem Plane gemäß, auf die Einzelheiten der Logik im Uebrigen näher einzugehen, so ist doch noch Ein Punkt zu berühren, der eine Folge seiner eigenthümlichen Theorie der Sinnlichkeit ist und bei welchem Maimon wieder wegen falscher Auffassung Kant's auf einen Irrweg gerathen mußte. Er giebt nämlich nicht zu, daß durch die Anwendung der Kategorieen und z. B. der der Kausalität auf den Erfahrungsinhalt an die Stelle des zufälligen Zusammenhangs der Wahrnehmungen der nothwendige der Erfahrung im eigentlichen und strengen Sinne des Wortes trete. Die Anwendung solle ja durch transscendentale Schemata der Zeitverhältnisse vermittelt werden (Vgl. oben S. 51.) Das Schema der Nothwendigkeit in Bezug auf die Zeit sei aber das „Immer". Da dies jedoch nur Näherungswerth sei und nie erreicht werde, so gäbe es in der Erfahrungserkenntniß keine apodiktische Gewißheit, sondern nur Wahrscheinlichkeit; und Maimon tritt also darin Reinhold bei, daß Hume gegenüber die transscendentale Deduktion wirkungslos bleibe.

[Sie bleibt es aber nicht und Maimon bedenkt bloß das Wichtigste nicht. Er bedenkt nicht, daß Kant Gründe angegeben hat, weshalb das „Immer" in gewissen Fällen nicht blos Näherungswerth ist. Das „Immer" der bloßen Abstraktion von einzelnen Erfahrungen kann freilich nur auf comparativer Steigerung und Verallgemeinerung beruhen, und Keiner hat das so entschieden ausgesprochen, wie Kant selber. Ich, der Einzelne und als solcher, kann also kein „Immer", das nicht blos einen Näherungswerth hat, hervorbringen. Aber es kann sich in mir und außer mir etwas kundthun, was gar kein Erzeugtes ist und demgemäß ich im Stande bin, es zu erklären, wenn mir aus einzelnen Wahrnehmungen und aus einmaligem Geschehen die Gewißheit einer ein und für alle Mal geltenden Verbindung entgegentritt. In solchen Fällen nähere ich also nicht das Einzelne dem Allgemeinen willkürlich an, sondern ich erkenne dies nur an in jenem und letzteres als Fall des Ersteren, auf Grund eines Ursprünglichen in meinem Bewußtsein und für mein Bewußtsein. Dies Ursprüngliche hatte Kant in der Affektion des Dinges an sich, für den Inhalt, und in Raum und Zeit für die Form der Sinnlichkeit dargethan (S. ob. 47 fg.) Gerade dies aber hatte Maimon nicht eingesehen, und so konnte ich schon bei Darstellung seiner geschichtsphilosophischen Bedeutung zeigen, daß seine Kategorien keinen apriorischen Inhalt hatten, den sie zu erreichen vermöchten, und bei Darlegung seiner Aesthetik stellte es sich heraus, daß diese Sinnlichkeit in der apriorischen Ebenbürtigkeit ihrer reinen Formen und in der Möglichkeit ihrer Affektion durch einen Inhalt überhaupt von Maimon verkannt worden war. Wegen dieses Sachverhalts kehrt derselbe nun auch bei dem in Rede stehenden Punkt der Logik die Lage der Dinge in seiner Kritik Kant's um. Dieser behauptet gar nicht, was der Sinn von Maimon's Angriff ist, daß mein Verstand in Anwendung des Schematismus das „oft" in „Immer" verwandele, sondern: wenn ich ein „Immer" im „oft" anerkenne, so geschieht es nach Kant, weil sich eine dem Schematismus gemäße Verbindung enthüllt, deren ich mir nur bewußt werde.

Dieser Schematismus ist freilich, wie ich es an früherer Stelle gezeigt habe (S. 51 u. 52), eine durch den Zeitbegriff vermittelte Verbindung von Kategorie und Anschauung, die sich alsdann individuell realisirt. Diese Realisirung ist aber nur als **mögliche**, nicht als ausnahmslos wirkliche von Kant in Anspruch genommen, was Maimon auch verkennt; und ihre Möglichkeit beruht eben darauf, daß die Kategorien in der Affektion überhaupt und in den reinen Anschauungsformen ein Gleichartiges haben, mit dem sie eine Verbindung mittels der Zeitvorstellung und der eigenthümlichen Stellung dieser inmitten des Bewußtseins und inmitten von dessen ursprünglichen Momenten eingehen **können**, aber nicht müssen. —

Noch ärger hat Carl Göring im zweiten Theil seines „Systems der kritischen Philosophie" Leipzig b. Veit & Co. 1875 S. 166 diesen Sachverhalt mißverstanden. Er führt dort Kant's Beispiel aus desselben „Prolegomenen zu jeder künftigen Metaphysik u. s. w." § 20 an, wo es heißt: „wenn die Sonne den Stein bescheint, so wird er warm. Dieses Urtheil ist ein bloßes Wahrnehmungsurtheil und enthält keine Nothwendigkeit, ich mag dies noch so oft und Andere auch noch so oft wahrgenommen haben; die Wahrnehmungen finden sich nur gewöhnlich so verbunden. Sage ich aber: die Sonne erwärmt den Stein, so kommt über die Wahrnehmung noch der Verstandesbegriff hinzu, der mit dem Begriff des Sonnenscheins den der Wärme nothwendig verknüpft, und das synthetische Urtheil wird nothwendig allgemein gültig, folglich objektiv und aus einer Wahrnehmung in Erfahrung verwandelt."

Kant beginnt den Pasus über das Erfahrungsurtheil mit „Sage ich aber," welche Worte sowie das ihnen Folgende in diesem Zusammenhange einer die Kritik der reinen Vernunft erläuternden Schrift, wie auch aus meinen früheren Aeußerungen über diese Lehre klar sein muß, ja doch den kritischen Standpunkt voraussetzen und also nur bedeuten können: „Fühle ich mich genöthigt zu sagen" oder „Zwingt mich eine Selbstbesinnung zu sagen: „Die Sonne erwärmt den Stein," so kommt über die Wahrnehmung noch der Verstandesbegriff der Ursache in meiner Selbstbesinnung hinzu, der (auf Grund der Schematisirung der die verschiedenen Arten des Selbstbewußtseins ausdrückenden Kategorien als eine der letzteren) mit dem Begriff des Sonnenscheins den der Wärme nothwendig verknüpft u. s. w.

Also wird die objektive Gültigkeit eines Urtheils für Jedermann hier nicht „durch Aenderung des sprachlichen Ausdrucks" bewirkt, wie Göring mit beispielloser Verwirrung dieser Stelle ebenda behauptet, sondern das erst allmählig zur Selbstbesinnung gesteigerte Bewußtsein bedient sich im Erfahrungsurtheile eines Ausdrucks, der besser dem Sachverhalte entspricht, als das Wahrnehmungsurtheil. Dieses genügte nur der ersten Selbstbeobachtung, die nicht sogleich dieses betreffenden Falles sich bewußt wurde als eines solchen, bei dem die mittels Abstraktion sich vollziehende und an dem Leitfaden comparativer Allgemeinheit einhergehende Induktion nicht ausreicht, sondern bei welchem das Gemüth sich einer Reflexion inne wird, welche die Erscheinung im Lichte der konstanten Bedingungen des Geistes betrachtet und allein den Kriterien unbedingter Allgemeinheit und Nothwendigkeit vertraut.

Das unerläßliche Requisit, was nach Göring Kant und seine Kommentatoren hier vergessen haben sollen und was nach ihm in einer in gebildeter Sprache nicht qualificirbaren Beschaffenheit des Verstandes aller Subjekte bestehen soll, die der Lehre Kant's, natürlich, wie sie Göring entstellt hat, beitreten: dies Requisit kann somit höchstens im Gehirne dieses Sensualisten und seiner Anhänger sich finden.]

Maimon ist jedoch dieses seines Standpunktes sicher; er bleibt dabei, daß in Bezug auf den Erfahrungsinhalt die Kategorien ohnmächtig seien. Anders liege die Sache in der Mathematik und für deren Gegenstände. Denn gleich wie er zugiebt, daß in jenem Beispiele von Sonnenschein und Wärme, ob es gleich fraglich sei, daß gerade diese sich immer folgen, auf die Succession derselben die Kategorie der Kausalität mit Sicherheit anwendbar sei — aber auch nur auf diese (worauf also die Annäherung der sinnlichen Wahrnehmung an die Gewißheit und das Bewußtwerden der in der Sinnlichkeit verborgenen Spontaneität beruht) —: ebenso könne auch auf diese und andere Zeit= und Raumverhältnisse diese und jede andere Kategorie bezogen werden. Deshalb geschehe das mit Recht in der Mathematik. Habe eben sie es doch mit dem, was aus dem a priori gegebenen Inhalt von Raum und Zeit selber entstünde, zu thun: also mit dem allein Gewissen.

[Auch hier geht Maimon fehl. Freilich ist mathematische Erkenntniß stets streng a priori nothwendig; andererseits reicht sie aber auch nicht aus zum Erfahrungsurtheil und ist ihm gegenüber nur formal, obschon a priori=formal. Die Erfahrungserkenntniß ist aber zugleich real, freilich aber nicht immer nothwendig, sondern eben nur dann und zwar nicht minder als die mathematische, wenn der empirische Inhalt des Mannigfaltigen dem Bewußtsein eine Verbindung enthüllt, die allein unter der Form der Kategorien auffaßbar ist. Die Möglichkeit dieser Auffassung und nicht mehr, diese aber auch genügend, ist erwiesen, falls gezeigt ist, daß die Verstandesbegriffe, die eine Einheit eines Gegenstands a priori ausdrücken, auch Beziehung zur sinnlichen Empfindung selber haben können. Sie können sie aber haben, weil jeder sinnliche Inhalt sich in Raum und Zeit darstellen muß und durch letztere Form Beziehung zum Verstande hat. Maimon hatte eben Kant's Lehre vom Schematismus nicht begriffen. — Die aus diesem hervorgehenden Grundsätze des reinen Verstandes rechtfertigen sogar auch erst die Anwendung der Mathematik auf Erfahrung, wie es Cohen auf S. 210 seiner Schrift „Kant's Theorie der Erfahrung" auseinandergesetzt hat].

IV. Urbewußtes oder Unbewußtes?

Ob Urbewußtes oder Unbewußtes gleich oder verschieden seien und welches von beiden die Herrschaft im menschlichen Geiste führen müsse, das könnte für jemand fraglich werden, der meine vorliegende Schrift bis hierher gelesen hat, wenn er zugleich von des Herrn Eduard von Hartmann Aufsehen erregender Lehre Kenntniß genommen, beide aber nicht genau genug verglichen hätte. Ich will deshalb an dieser Stelle am Schlusse meiner Arbeit noch einige Winke zu geben versuchen, deren Beachtung zur Lösung der in jener Frage liegenden Zweifel beitragen dürfte.

Den Ausdruck des „Urbewußten" habe ich an früherer Stelle nicht gebraucht, wohl aber auf S. 57 den des „Urbewußtseins" und dasselbe ebenda für gleich bedeutend erklärt mit dem „nicht individuellen ursprünglichen Bewußtsein oder mit dem, was Kant das a priori Subjektive in uns nennt." Dies letztere hat mit dem sogenannten Unbewußten nur zeitweise etwas gemein, denn es ist nicht immer bewußt, vielmehr wird es dies erst allmählig durch eine Selbstbesinnung, die erwacht an den

Grenzen einer auf wahrhafte Allgemeinheit und Nothwendigkeit ausgehenden, ihr Ziel aber eben wegen ursprünglicher Schranken des Bewußtseins nicht erreichenden Abstraktion. Ein solches a priori Subjektive in uns wird daher nicht so leicht mit dem Unbewußten verwechselt werden oder doch nur vorübergehend. Wohl aber könnte das geschehen mit demjenigen A priori, was zum Theil außer uns liegt und wofür ich, soviel ich weiß ohne Vorgang von anderer Seite, das Kantische Ding an sich erklärt habe. Denn gerade in der Hinsicht, in welcher dies als ein außerhalb unseres erkennenden Bewußtseins Liegendes bezeichnet werden mußte, könnte es als ein Unbewußtes erscheinen und um so mehr, als es selbst niemals in unser freithätiges Denken eintritt.

Dagegen ist jedoch Folgendes zu bemerken. Erstlich braucht, was außerhalb des erkennenden oder vielmehr nur des mit Nothwendigkeit erkennenden Bewußtseins des Menschen liegt, deshalb noch nicht selber unbewußt zu sein.

Zweitens aber hat dies A priori, das vor dem menschlichen Bewußtsein in seiner individuellen Bethätigung auftritt, mit dem, was an der Grenze letzterer erscheint, die Eigenschaften gemein, erstlich,, daß es ein unbedingt Konstantes gegenüber dieser Bethätigung ist, sodann daß es für diese ein unbedingte nothwendige Voraussetzung bildet: beides Eigenschaften, die so wichtig sind, daß sie eher zur Vermuthung einer Uebereinstimmung auch in den übrigen wesentlichen Beschaffenheiten als zum Gegentheile berechtigen. Dieses A priori vor der Erfahrung war als Grund der Möglichkeit einer Affektion überhaupt, wie oben wiederholt (z. B. im Anfange des Zusatzes III, 1.) hervorgehoben ist, ein nothwendiges Komplement zur Synthese, welche unsere Erkenntniß mittels des A priori der Sinnlichkeit und des Verstandes vollzieht. Die Leistung eines solchen Komplements begreift sich aber leichter, wie bereits ebenda angedeutet, wenn dasselbe jenem A priori gleichartig ist, als wenn es sich von ihm durchaus unterscheidet. Nun sind die apriorischen Momente der Sinnlichkeit und des Verstandes ihrem Wesen nach bewußte. Nur in dem individuellen und in dem jedesmal gegenwärtigen Zeitbewußtsein, wie es der Einzelne als solcher im einzelnen seelischen Vorgange bethätigt, sind sie nicht stets vorhanden. Wohl aber kündigen sie sich auch in diesem an und werden von ihm erfaßt, sobald sein Träger zur Selbstbesinnung sich erhebt. Daher habe ich die Eigenschaft von Raum, Zeit und Kategorien als Urbewußtsein bezeichnet, als ein für das Individual-Bewußtsein zunächst schlummerndes und erst allmählig erwachendes Bewußtsein, nicht als ein Unbewußtes und Todtes, da nur der Schlafende, nicht der Todte erwacht. Eben diese Beschaffenheit wird also auch das A priori vor der Bethätigung der individuellen Erkenntniß haben: es ist ein Urbewußtes außerhalb des menschlichen Bewußtseins, welches dessen Bethätigung, sobald es sich zur Selbstbesinnung steigert und des in ihm liegenden Unbewußten inne wird, freundschaftlich und hülfreich unterstützt.

Ich bin sogar der Meinung, daß der ganze Ausdruck des „Unbewußten" nur auf einer Verkennung des Unterschiedes von dem, was gar nicht bewußt ist und es nie sein oder werden kann, und von dem, was nur noch nicht zur Zeit bewußt ist, beruht.

Es ist hier nun nicht der Ort, dieses Mißverständniß bei anderen oder gar in der erwähnten, den Namen des Unbewußten als Aushängeschild führenden Lehre nachzuweisen. Nur meine Auffassung möchte ich in Kürze rechtfertigen.

Es ist ja freilich, besonders in niederen Stufen des Seelenlebens, Einiges von den Thatsachen anzuerkennen, die man als „unbewußtes Seelenleben" benannt hat. Immerhin erscheint dieser Ausdruck dafür doch ganz schief, ganz unzutreffend und sprachwidrig. Denn was er eigentlich nur besagen könnte, ein Fehlen des Bewußtseins, das hat im Seelenleben gar keine Wirklichkeit, das wäre der Tod desselben. Alles Seelische ist ja, eben als solches, bewußt. Selbst die Pflanze, die ihre Blätter beim Schwinden der Sonnenstrahlen zusammenschließt, hat Bewußtsein — ohne bewußt zu sein, — insofern etwas in ihr dabei gegen einen äußeren Reiz reagirt oder falls dies der Fall ist. Aber mit diesem Bewußtsein, als mit dem allgemeinsten Charakter alles Geistes- und Seelenlebens im Gegensatze zum verholzten und starren materiellen Dasein, mit diesem Bewußtsein, als einer objektiven Beschaffenheit, ist nicht zu verwechseln das aus ihm hervorknospende und in schönster Blüthe zum Selbstbewußtsein sich entfaltende Bewußtsein, dessen Träger ein individuelles Subjekt ist. Dies subjektive Bewußtsein, das sich eben seinerseits wieder bis zu einem solchen Selbstbewußtsein steigern kann, daß es in höherer Subjektivität sich als ein Ursprüngliches erfaßt und mit eigener Kraft über die Individualität erhebt, äußert sich in einzelnen seelischen Akten und diese bringen allerdings stets nur die im Augenblicke vorzüglich hervortretenden und durch den betreffenden, zeitlich bestimmten äußeren Reiz erregten Seiten des objektiven Bewußtseins der Seele zur Erscheinung. Selbstbewußt wird sich dieser Seiten die Seele, sobald ihr nicht nur das äußere Objekt sondern zugleich der Eindruck auf das Subjekt bewußt wird: die Empfindung, Vorstellung u. s. w. selbst, mittels der das Bewußtsein sich auf das Objekt richtete.

Wenn ich z. B. einen Ton höre, d. h. ihn in seiner Bestimmtheit als solchen auffasse, so werde ich also in dem Augenblicke, wo letzteres vor sich geht, nur dieser Ton-Empfindung nebst allem, was zu ihr unmittelbar gehört, mir individuell und als Subjekt bewußt sein. Und doch ist mein Bewußtsein in dieser Empfindung nicht erschöpft. Ja, es wirken bei dieser zu selbiger Zeit Momente des Seelenlebens mit, deren ich mir im Augenblicke nicht bewußt bin und die nach Herrn v. Hartmann's Theorie unbewußt sind, während sie doch zum Bewußtsein gehören als mittelbar mitwirkende, in jenem augenblicklichen Bewußtsein gleichfalls vorhandene, und als solche, die jeden nächsten Augenblick auch in's gegenwärtige Bewußtsein des Subjektes eintreten können. — Dem gegenüber ist es offenbar allein richtig, solche Momente nicht als unbewußt sondern nur als: „zur Zeit nicht für das Individual-Subjekt bewußt" zu bezeichnen. Denn sie liegen im Bewußtsein überhaupt und treten nur nicht in der Bethätigung desselben in einem einzelnen Akte hervor.

Ein solcher Akt ist wie eine Farbe im Spektrum, die nur die zu bestimmter Zeit erscheinende Wirkung des gerade jetzt im Prisma gebrochenen, objektiv vorhandenen weißen Sonnenlichtes zeigt. Aber eben diesem weißen, aus allen Farben des Spektrums zusammengesetzten Lichte, nicht dessen Abwesenheit, nicht der Schwärze, sondern der Fülle des Lichts ist der gesammte Seelen- und Gemüthsinhalt vergleichbar; und wenn den einzelnen Farben, die nur besondere Momente jenes Lichtes sind, die einzelnen seelischen Akte des individuell erregten Subjekts entsprechen, so sind letztere auch nur Momente des gleichartigen und darum auch in allen Theilen bewußten Seelenganzen. Der einzelne, dem Subjekt in bestimmtem Zeitpunkt bei bestimmtem Vorgange bewußte Akt ist nur das 'in der dem Prisma vergleichbaren Erfahrung gebrochene Bewußtsein. Wie die Sonne der Quell des ungebrochenen Lichtes, so ist die Seele und das Gemüth überhaupt derjenige des ungetheilten ursprünglichen Bewußtseins des Menschen, aus welchem nur, als die einzelnen in der Erfahrung des individuellen Subjekts brechbaren Lichtstrahlen, für dieses die besonderen Bewußtseinsakte hervortreten.

Oder, um es kurz zu sagen: Wer ein ursprüngliches Bewußtsein, das von der Erfahrung unabhängig ist, annimmt, für den kann das menschliche Gemüth in keiner Hinsicht unbewußt sein; freilich aber können gewisse Seiten desselben zu gewisser Zeit gar nicht oder doch so wenig durch individuelle, räumlich und zeitlich oder blos zeitlich bestimmte Reize angeregt werden, daß sie nicht in das Erfahrungs-Bewußtsein des seelischen Individual-Subjekts eintreten.

Wer nur dieses Erfahrungs=Bewußtsein als Bewußtsein gelten lassen will, für den ist allerdings das Gemüth sowohl in seinem ganzen ur= sprünglichen und geistigen Wesen wie in dem, was dem Träger seiner individuellen Bethätigung, was der Seele, nur nicht augenblicklich gegen= wärtig ist, unbewußt. In Wahrheit jedoch umfaßt dies nur vermeintlich Unbewußte vielmehr alle Seiten sowohl des ursprünglichen vor der Erscheinung in der Zeit liegenden Bewußtseins als auch die des zu letzterem allmählig hinzutretenden, mittels Reaction gegen die Erfahrung von ihm festgehaltenen und in der vergangenen Zeit erworbenen und dem ursprünglichen einverleibten neuen Gemüthsinhalts: alle diese Seiten um= faßt es, sofern sie nur nicht, sei es noch nicht oder nicht mehr, in das gegenwärtige Zeitbewußtsein mit eingetreten sind und an ihm keinen, als individuelle Erscheinung sich äußernden Antheil haben. Die blos zeitlichen oder gar die augenblicklichen Vorgänge des Bewußtseins sind nur ein kleiner Bruchtheil dessen, was das Bewußtsein überhaupt ausmacht, als jene ureigene Fähigkeit des ganzen Gemüthes in seiner invividuellen oder see= lischen wie in seiner allgemeinen oder geistigen Beschaffenheit, mit der es als ein solches gegen fremde Einwirkungen theils abweisend theils auf= nehmend reagirt oder eigene auf anderes äußert und zwar in solcher Weise, daß dadurch ein eigenthümliches dem materiellen Dasein und dem Geschehen an diesem entgegengesetztes Leben in ihm selber stattfindet. Bewußtheit ist gerade die specifisch substantielle von allem Materiellen grundverschiedene Beschaffenheit jegliches Seelen= und Gemüthsinhalts.

Hat nun das A priori in uns den Charakter vollkommensten Bewußt= seins, wenn auch nicht von Haus aus vollkommensten Individual=Bewußtseins, so wird das A priori vor unserem Bewußtsein, als ein ihm wahrscheinlich Gleichartiges, auch ein irgendwie Bewußtes sein müssen. Und wenn auch Kant's eigene „dunkle" Vorstellungen oder Herbart's Vorstellungen „unter der Schwelle des Bewußtseins" oder endlich Beneke's „Spuren" und „Angelegtheiten" den erworbenen und nachher nicht mehr in jedem Falle des individuellen Bewußtwerdens betheiligten Seeleninhalt erklären mögen, dürfte doch das Urbewußte der Affektion, das aller individuellen Bethätigung und aller des menschlichen Bewußtseins überhaupt vorangeht, das Urbe= wußte außerhalb des menschlichen Bewußtseins, allein geeignet sein, jene Vorgänge zu erklären, welche das letztere voraussetzt als solche, die niemals in das subjektive Bewußtsein eintreten, geschweige denn, daß sie uns selbst bewußt würden. Ich meine z.B. jene unbewußten Schlüsse, die nach Wundt's Untersuchungen in den „Vorlesungen über die Menschen= und Thierseele" oder seinen Grundzügen der „Physiologischen Psychologie" und nach

Helmholtz u. A. dem Sehen beim Umkehren des Netzhautbildes u. dgl., die dem Hören und den Sinnesempfindungen überhaupt zu Grunde liegen. Alle diese sind für den Menschen und sein Bewußtsein da und wichtige Bedingungen desselben und werden dennoch ihm nie bewußt; sie werden nur als dem Bewußtsein gleichartige Vorgänge erschlossen und demnach sehr unpassend als unbewußt bezeichnet, während sie vielmehr ein fremdes Bewußtsein, eine für uns und mit uns arbeitende Intelligenz verrathen von allerursprünglichster Bewußtseinskraft.

Bedenkt man, daß Kant vor diesem Urbewußtsein der Affektion, wie vor einem nicht weiter zu erklärenden Ursprünglichen wohl nur wegen Mangels an Beobachtungen, wie sie heut ein Helmholtz, Wundt, Fechner u. A. anstellen, stehen geblieben ist und daß er nur deshalb dasselbe nicht mit kritischer Selbstbesinnung des Näheren wie die apriorischen Bedingungen der Sinnlichkeit, des Verstandes und der Vernunft in uns erforscht hat, so erscheint es sehr zeitgemäß, des Königsberger Denkers Untersuchungen zu einer Kritik der Sinne zu erweitern und zwar in einer Bedeutung, die das Individuelle und das Apriorische nicht mit dem von mir in den „Vorstudien," besonders S. 76—83 hervorgehobenen Irrthume zu vermengen braucht.

Zu einer derartigen Erweiterung scheint ein treffliches Buch von Dr. W. Göring*) „Raum und Stoff, Ideen zu einer Kritik der Sinne" Berlin bei C. Duncker (Heymons) 1876 den Grund zu legen, auf welches ich deshalb hier hinweisen will. Uebrigens ist der Grundgedanke solcher Kritik nicht neu, sondern vielleicht zuerst von Göthe in der „Farbenlehre" gefaßt, wie es bereits Danzel in der Schrift „Ueber Göthe's Spinozismus" Hamb. bei Meißner 1843 bemerkt hat, wo er gegen Ende derselben Göthe's Farbenlehre bespricht und für jene Ansicht des letzteren seinen Ausspruch bei Eckermann (II. 72) citirt, „daß, wie Kant eine Kritik der Vernunft geschrieben habe, so auch eine Kritik der Sinne nothwendig sei."

Daß Kant selber diesen Grundgedanken hatte, beweist gerade die Stelle, welche ich S. 56 dafür angeführt habe, daß die Dinge an sich nach ihm in dieser ihrer Beschaffenheit nur als die Eine Seite eben desselben angesehen werden können, was auf der anderen das Gepräge der Erscheinung trägt. — —

---

*) Nicht zu verwechseln mit dem S. 82 erwähnten Carl Göring.

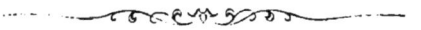

Druckfehler:

Es sind neben hier zu übergehenden unbedeutenderen folgende, theils die Schreibweise theils den Sinn empfindlich störende Druckfehler übersehen worden, um deren Berichtigung gebeten wird:

Seite 14 lies Zeile 16 von unten: „mit meiner" statt „mit einer"
„ 23 „ „ 2 in der Anmerkung: „Inzwischen" statt „Indeß"
„ 32 „ „ 18 von unten: „Nothwendigkeit" statt „Nothdürftigkeit"
„ 43 „ „ 3 von oben: „Mendelssohn" statt „Mendelsohn"
„ „ ist „ 20 „ „ zu streichen: hinter dem zweiten fata das trahunt retrahunt fata
„ „ lies „ 15 von unten: „Willensvermögen" statt „Willensveränderung"
„ 49 „ „ 11 von unten: „erwache" statt „erwachten"
„ 54 „ „ 3 von unten: „Aenesidemus" statt „Aenesidamus"
„ 55 „ „ 20 von oben: „liege" statt „liegen"
„ 59 „ „ 3 von oben: „an der der Erfahrung" statt „an der en Erfahrung"

Endlich ist Seite 46 Zeile 9 und 10 von oben bei den Namen Kuno Fischer[1]), Zeller[2]) und Erdmann[3]) die Angabe der Stellen vergessen, jedoch ohne sachlichen Schaden, da die im „Vorwort" erwähnten nur zu wiederholen waren.

Inhalts-Verzeichniß.

	Seite
Vorwort	3— 5
I. Einleitung	6— 8
II. Maimon's Leben	9—45
1. Die Eltern	9—13
2. Salomon Maimon's Kindheit und erster Schulunterricht	13—15
3. Knabenalter, Talmudstudium, Heirath	15—18
4. Die ersten Jahre in der Ehe, trostlose Zustände der Heimath, Selbststudium der deutschen Sprache	18—20
5. Selbststudium in der Kabbala	20—21
6. Selbststudium der deutschen Wissenschaft, erste Hofmeisterstelle, Nahrungssorgen	21—23
7. Reise über Königsberg nach Stettin und Berlin	23—24
8. Maimon's erster Berliner Aufenthalt und Bettlerirrfahrt nach Posen	24—25
9. Aufenthalt in Posen, erste Ehren und erstes Lebensglück	25—27
10. Abreise von Posen, Studium des Maimonides	28
11. Zweiter Berliner Aufenthalt. Wolfs Metaphysik. Moses Mendelssohn	28—29
12. Das Studium Locke's und Spinoza's und Maimon's Art zu disputiren und zu lehren	30—31
13. Maimon's Charakter, die Gefahren für denselben in der letzten Zeit des zweiten Berliner Aufenthalts. Die Methode seines Selbststudiums. Gründe des Fortgangs von Berlin	31—35
14. Maimon's neues Wanderleben und mißliche Charakterumstände	36—37
15. Aufenthalt in Hamburg und vereitelte Absicht zum Christenthum überzutreten	38—40
16. Maimon auf dem Gymnasium in Altona. Besuch in Berlin. Mißglückte literarische Pläne	40—41
17. Aufenthalt in Breslau. Verhältniß zu Ephraim Kuh und Garve. Hauslehrerberuf. Ehescheidung	41—43
18. Vierter Berliner Aufenthalt nach Mendelssohn's Tode. Zufluchtsstätte beim Grafen Kalkreuth	43—44
Maimon's Schriften	44—45

		Seite
III. Maimon's geschichts-philosophische Bedeutung		46—60
1. Vorbemerkung		46
2. Die Erkenntnißtheorie, ihre Bedeutung und Gestaltung durch Kant als Voraussetzung für Maimon's Lehre		46—52
a. Die Bedeutung der Erkenntnißtheorie und ihre Begründung durch Kant		46—49
b. Grundzüge von Kant's transscendentaler Aesthetik und Logik		49—52
3. Maimon's philosophischer Standpunkt		52—60
A. Im Allgemeinen		52—57
a. Rücksichtlich des Verhältnisses zur Richtung Fichte-Hegel-Schelling		52—53
b. Zu Reinholds Elementarphilosophie und zu „Aenesidemus"		53—54
α. Reinhold's Absicht		53—54
β. Des Aenesidemus Einwände gegen Kant		54
c. Maimon's Einwände im Allgemeinen und ihre Beweise		55—57
α. Die Verwerfung der Affektion von Dingen an sich		55
β. Vertheidigung der Kantischen Lehre		55—56
B. Maimon's Erkenntnißtheorie im Besonderen		57—60
a. Charakter derselben		57
b. Skizzirung des Inhalts		58—60
α. Beseitigung des Dinges an sich. Verlegung der Affektionsursache in's Bewußtsein und scheinbare Steigerung des Idealismus		58—59
β. Einschränkung der Gewißheit auf Mathematik. Zweifel an der der Erfahrung. (Empirischer Skepticismus)		59—60
c. Besonderes Verhältniß von Maimon zu Fichte		60
d. Maimon's geschichtsphilosophische Stellung zwischen dem Kriticismus und der Identitätsphilosophie		60
Zusätze		61—89
I. Maimon's Ansicht über die Kabbala		61—65
1. Seine litterarische Nachricht darüber		61—62
2. Maimon über den Geist der Kabbala		63—65
II. Maimon's Ansichten über natürliche, über positive und im Besonderen über die jüdische Religion		65—76
1. Begriff der Religion überhaupt, der natürlichen und der wahren Religion		65—66
2. Verhältniß der philosophischen Systeme zum Begriff der unwahren und der wahren natürlichen Religion		66—68
a. Atheismus und Religion		66—67
b. Der Spinozismus und die Religion		67
c. Vergleich zwischen Atheismus und Spinozismus		67—68
d. Das Leibnitzische System und die Religion		68
3. Die positive Religion und die politische als Art derselben		68—69
a. Die rein positive Religion		68
b. Die politisch-positive		68

	Seite
4. Die jüdische Religion nach Maimon's Auffassung	69—76
a. Die jüdische Religion als eine natürliche	69
b. Die jüdische Religion als positive und die ursprüngliche Einheit ihres blos positiven und blos politischen Interesses	70
c. Die jüdische Religion nach dem Untergange des jüdischen Staates	70
d. Geschichte der jüdischen Religion	71—73
e. Vom Rabbinismus im Besonderen	73—76
α. Dessen Mißbräuche	73
β. Ueber die Reinerhaltung des theoretischen Theils der jüdischen Theologie trotz der Mißbräuche im praktischen	73—76
Anmerkung	76
III. Noch Einiges aus Maimon's transscendentaler Aesthetik und Logik und über dieselben	77—84
1. Von Maimon's Theorie der Sinnlichkeit	77—79
2. Von Maimon's Theorie des realen Verstandesgebrauchs (Grundsatz der Bestimmbarkeit)	79—84
IV. Urbewußtes oder Unbewußtes?	84—89

Im Verlage von H. R. **Mecklenburg** in Berlin, C., Kloster Straße 38, sind ferner erschienen:

Beiträge zum Verständniß Kant's

von

Dr. Joh. Witte

Privat-Docent der Philos. an der Universität Bonn.

Preis 2 Mark.

Von den günstigen Recensionen der bedeutendsten Zeitschriften führe ich nur an die der „Zeitschrift für Philosophie und philosophische Kritik," Achtundzwanzigster Band Erstes Heft:

„Wir haben hier in der vorliegenden Schrift einen sehr schätzbaren, wichtigen Beitrag zu der täglich mehr anwachsenden Literatur über die Kantische Philosophie vor uns. Sie stellt entscheidende Punkte derselben mit einer trefflichen Kritik, in welcher das Bleibende und Vergängliche derselben scharf geschieden wird, in den Vordergrund. Die ganze Arbeit zeigt, mit welcher Liebe der Verfasser sich in seinen Gegenstand versenkt hat, und daß er sich einen objektiven Standpunkt zu wahren sucht. Solche Arbeiten müssen wir besonders willkommen heißen. Sie verdienen die vollste Beachtung und Anerkennung bei den gegenwärtigen wichtigen Verhandlungen über die Lehre des Königsberger Weisen, die nach hundert Jahren seit ihrer Entstehung erst in ihr volles, wahres Licht treten soll."

Von demselben Verfasser ist ferner erschienen:

Zur Erkenntnißtheorie und Ethik

Drei philosophische Abhandlungen.

I. Der Anfang der kritischen Philosophie und die Selbstbesinnung über das Apriori.

II. Zur Lehre vom Schlusse.

III. Die sittliche Freiheit und die organische Weltansicht, eine Würdigung der bezüglichen Lehren Kant's und Trendelenburg's.

Von demselben Verfasser sind bei Max **Cohen & Sohn** (Fritz Cohen) in Bonn 1876 erschienen:

Vorstudien zur Erkenntniß des unerfahrbaren Seins.

Heft I.

Ferner ist erschienen:
Dr. M. Luther und Dr. M. Servet.
Eine Quellen-Studie
von
H. Tollin, Lic. theol., Prediger.
Berlin 1875. Preis 1 Mark.

Bei den heftigen Kämpfen auf dem Glaubensgebiete der Jetztzeit dürfte allen denen, welche nach Wahrheit und Berichtigung ihrer Ansichten streben, diese Schrift wohlgeeignet sein, zur Läuterung, insbesondere in Betreff der Dreieinigkeits-Lehre und zur Würdigung eines Mannes beizutragen, der vor jetzt mehr als 300 Jahren seine Ueberzeugung mit dem Feuertode besiegelte.

In demselben Verlage ist ferner erschienen:
Ph. Melanchthon und M. Servet.
Eine Quellen-Studie
von
Lic. theol. **H. Tollin**, Prediger.

Der neue Evangelische Gemeinde-Bote, Berlin, 2. Septbr. 1876, sagt darüber: Ist die Zeit gekommen, wo er nützt? „Verworfen hat mich mein Jahrhundert; gelebt habe ich für die Nachwelt. Verstehst Du, was ich gewollt und wofür ich gestorben bin," so scheint er uns zu fragen, der Entdecker des Blutumlaufs, der Erfinder der vergleichenden Geographie, der systematische Bestreiter der Irrungen in der Schullehre von der Dreieinigkeit, den Calvin als Gotteslästerer zu Genf hat hinrichten lassen.

„Jesu, du Sohn des ewigen Gottes, erbarme dich meiner!" Das war sein letztes Wort auf dem Scheiterhaufen. „Horch wie er lästert, der hartnäckige Ketzer," antwortet Farel: und das Volk: „Warum widerruft er nicht seine Lügen? Warum betet er nicht zum ewigen Sohn des ewigen Gottes?"

Wer sich über Michael's Charakter näher belehren will, der lese Tollin's „Charakterbild Servet's," das soeben in von Holtzendorff's „Sammlung wissenschaftlicher gemeinverständlicher Vorträge" erschienen ist. Wer aber sich aus den Quellen überführen will, ob wir noch heute bei Luther und Melanchthon stehen bleiben dürfen oder ob Servet aus seinem reichen Schatz des Wissens, der Bibelkunde und der Gebetserfahrung uns Besseres bieten kann, der lese jene beiden Schriften desselben Verfassers, die 1875 (Luther und Servet) und 1876 (Melanchthon und Servet) Berlin, Klosterstraße 38 bei H. R. Mecklenburg erschienen sind.

Ferner nachstehendes, bereits vielfach eingeführtes
Berliner Schulgesangbuch
enthaltend
achtzig Kirchenlieder nach den drei preußischen Regulativen vom
1., 2. und 3. October 1854.

Ausgabe A (Text nach dem Berliner Gesangbuche).
„ B (Text nach dem berichtigten Urtext im Porst'schen Gesangbuche) nebst Luthers Katechismus. **Preis 15 Pf.**

H. R. Mecklenburg. Krönungslieder zu Ehren König Wilhelms von Preußen 25 Pf.
derselbe. Jubellieder zum Berliner Turnfeste . . . . 15 Pf.
derselbe. Volksstimme über die beste Art der Beseitigung des städtischen Unraths . . . . 25 Pf.